珍藏本
纪念版

汉译世界学术名著丛书

论德国宗教和哲学的历史

〔德〕亨利希·海涅 著

海安 译

商務印書館
SINCE 1897 The Commercial Press
2017年·北京

Heinrich Heine

ZUR GESCHICHTE

DER RELIGION UND PHILOSOPHIE

IN DEUTSCHLAND

（1833 年）

根据 Aufbau-Verlag，Berlin，1955 年全集本译出

汉译世界学术名著丛书
（120 年纪念版·珍藏本）
出 版 说 明

2017 年 2 月 11 日，商务印书馆迎来 120 岁的生日。120 年前，商务印书馆前贤怀揣文化救国的理想，抱持“昌明教育，开启民智”的使命，立足本土，放眼寰宇，以出版为津梁，沟通中西，为中国、为世界提供最富智慧的思想文化成果。无论世事白云苍狗，潮流左右激荡，甚至战火硝烟弥漫，始终践行学术报国之志，无改初心。

迻译世界各国学术名著，即其一端。早在 20 世纪初年便出版《原富》《天演论》等影响至今的代表性著作，1950 年代后更致力于外国哲学和社会科学经典的译介，及至 1980 年代，辑为“汉译世界学术名著丛书”，汇涓为流，蔚为大观。丛书自 1981 年开始出版，历时三十余年，迄今已推出七百种，是我国现代出版史上规模最大、最为重要的学术翻译工程。

丛书所选之书，立场观点不囿于一派，学科领域不限于一门，皆为文明开启以来，各时代、各国家、各民族的思想与文化精粹，代表着人类已经到达过的精神境界。丛书系统译介世界学术经典，引领时代思想，为本土原创学术的发展提供丰富的文化滋养，为推动中国现代学术和现代化进程做出了突出的贡献。

为纪念商务印书馆成立120周年，我们整体推出“汉译世界学术名著丛书”120年纪念版的珍藏本，寄望既利于文化积累，又便于研读查考，同时向长期支持丛书出版的译者、编者和读者致以敬意。

两甲子后的今天，商务印书馆又站在了一个新的历史时间节点上。我们不仅要铭记先辈的身影和足迹，更须让我们的步伐充满新的时代精神。这是商务人代代相传的事业，更是与国家和民族的命运始终紧密相连的事业。我们责无旁贷，必须做好我们这代人的传承与创造，让我们的努力和成果不仅凝聚成民族文化的记忆，还能成为后来人可以接续的事业。唯此，才能不负前贤，无愧来者。

商务印书馆编辑部

2017年10月

出版说明

恩格斯在《路德维希·费尔巴哈和德国古典哲学的终结》一书中说过：**"正像在十八世纪的法国一样，在十九世纪的德国，哲学革命也作了政治变革的前导。……黑格尔的体系，甚至在某种程度上已经被推崇为普鲁士王国的国家哲学！在这些教授后面，在他们的迂腐晦涩的言词后面，在他们的笨拙枯燥的语句里面竟能隐藏着革命吗？……但是不论政府或自由派都没有看到的东西，至少有一个人在1833年已经看到了，这个人就是亨利希·海涅。"**①恩格斯这里指的就是海涅在《论德国宗教和哲学的历史》中关于德国哲学革命的一些言论。

《论德国宗教和哲学的历史》写于1833—1834年间，1834年译为法文，先在《两个世界评论》分三次刊登；1835年以德文发表，但检查官对之删削甚多；1852年再版时海涅根据法译本补足（当时因德文初稿遗失）。海涅死后，德文初稿又被发现，现在通行本都是根据德文初稿校订过的。

这本书曾和《论浪漫派》合在一起出过法文单行本，所用的书名与法国革命时代流亡到德国去的贵族女作家、著名的斯塔尔夫

① 《马克思恩格斯选集》第4卷，人民出版社1972年版，第210—211页。

人所写的那本相同，叫做《De l'Allemagne》(《关于德国》)。正如海涅自己所说的，斯塔尔夫人的《关于德国》是对落后的封建德国的美化描述，而他的《关于德国》则要把德国的真正精神面貌加以批判的叙述，并把德国哲学中的革命意义，向法国读者介绍；同时使德国人民自己也意识到本国的革命传统。

这本书分为三篇，第一篇论述了宗教史(从基督教的产生到路德宗教改革运动时的德国宗教)；第二篇论述德国古典哲学的来源，介绍了笛卡尔、斯宾诺莎、莱布尼茨等人的哲学和影响；第三篇论述从康德到黑格尔的德国古典哲学的发展，偏重于表述它的革命意义。

海涅这本书是从对宗教的批判开始的。他在第一篇中对法国读者说："……因为在德国目前还需要消解宗教的势力。我们那边的情况像你们革命前的情况一样，也就是说基督教和旧政权结成了不可分解的同盟。只要基督教对人民群众还发生影响，那么旧政权就不可能被打碎。"(见本书第 12 页)他在 1832 年年底至 1833 年年初写的《论浪漫派》一书里也曾说天主教"通过宣扬一切世间财富都应鄙弃，要人像狗一样顺从，像天使一样忍耐的教义，而成为专制政治最可靠的支柱。"至于在哲学方面的论述，正如海涅自己在本书第二篇中所说，"我们经常注意的是具有社会意义的一些问题"，"哲学和宗教展开竞争的一些问题"(见本书第 55 页)。这样，本书的目的也就非常明显，在于为行将到来的德国的资产阶级革命作舆论准备。

海涅这本书的主旨是要论证：从马丁·路德以来德国宗教和哲学的发展是德国社会革命的一种准备。他不但指出康德以来德国古典哲学里隐藏着革命，而且把路德以来的一系列思想家和社会革命联系起来，作出他自己的解释，宣传了当时资产阶级革命的要求。海涅认为，德国宗教和哲学从中世纪以来的历史就是一部理性、自由、民主与宗教、愚昧、专制作斗争而逐渐取得胜利的历史，他把路德的宗教改革解释为理性的抬头，把斯宾诺莎、莱辛、康德解释为一种无神论者，把费希特、谢林、黑格尔等人的哲学解释为民主革命的前驱。虽然这些议论中有许多地方并不适当，对人物的评价也往往轻重失当，但其基本倾向是有助于当时的资产阶级革命的。因此，这本书在马克思主义以前德国革命思想发展中的意义还是应予重视的。

不过，我们毕竟不能对海涅和他的这本书作过高的评价。尽管在海涅的世界观中，在一些具体问题上，表现出有唯物主义倾向，但其社会历史观点则是唯心主义的。他对唯物主义和唯心主义的对立，认识也是很模糊的，往往不是从哲学的基本问题，即思维和存在的关系问题上来分辨哲学上的两军对垒，因此，他竟把亚里士多德说成是典型的唯物主义。对康德哲学的革命意义他也过分地夸张，没有从德国资产阶级所处的矛盾地位来分析康德哲学的不彻底性，而是从心理因素去解释它。

在政治上，海涅是资产阶级激进的民主派。他是一位激进的诗人，也是一个政论家。他的大量散文作品和政论文章中，有一些具有深刻的思想性。例如，他在讨论到时代的课题时说：“我们时代的伟大课题是什么呢？就是解放。……每一时代都有它的课题，解决了它就把人类向前再推进一步。”（《从慕尼黑到热那亚旅行记》，1828 年。）海涅所向往的“解放”，在一定程度上，超出了资产阶级的眼界，他憧憬社会主义，但是他的社会主义观点带有浓厚的圣西门主义的色彩，对于科学社会主义，可以说，海涅是始终没有了解的。总的说来，他的哲学思想和政治观点都是充满矛盾的。他一生的道路也是迂回曲折、彷徨摇摆的。在1855年所写的、后人认为是他的“政治遗嘱”的《〈路特奇亚〉法文版序》里，他虽然再次表示了“未来是属于共产主义者的”信仰，但同时他又陷入了“一种难言的悲哀”，甚至“感到憎恶和恐惧”——担忧胜利的无产阶级，会使得他认为美好的一切文化财富“将随着旧日的浪漫世界一道消失”。

海涅的《论德国宗教和哲学的历史》，是他的政论作品中最精彩的一本。我们翻译出版这本书，主要是为读者学习马列著作，特别是学习恩格斯的《路德维希·费尔巴哈和德国古典哲学的终结》一书提供一份资料。当然，这本书对研究海涅这个历史人物也是有用的。

目　录

论德国宗教和哲学的历史

第一版前言

我必须特别提醒德国读者注意，下面一些篇章原来是给法国杂志《两个世界评论》[①]为了一个时间性的目的而写的。这些篇章是对德国精神事件的一个概述的一部分。关于这些精神事件我以前曾向法国公众介绍了若干部分，并且曾以《论德国近代文学史》[②]为题的论文用德文发表了。定期刊物的各种要求，刊物在经济上的困难处境，科学资料的不足，法语的缺欠，德国国内新颁布的一项只适用于我一个人的有关外国印刷品的法律，[③]以及诸如此类的各种障碍使我无法把那个概述的不同部分按照年代的次序在一个总的标题下发表。目前这本书，尽管有着它的内在的统一和外表的完整，其实只是一个较大整体的片断。

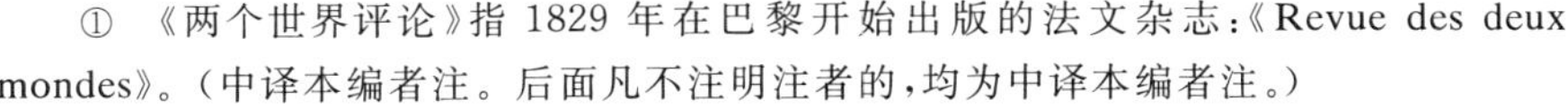

① 《两个世界评论》指 1829 年在巴黎开始出版的法文杂志：《Revue des deux mondes》。（中译本编者注。后面凡不注明注者的，均为中译本编者注。）

② 1832—1833 年以《德国文学当前状况，续斯塔尔夫人论德国》为题在巴黎新创刊的法文杂志《欧洲文学界》上用法文发表的一组文章；1833 年以《论德国近代文学史》为题在巴黎出版德文单行本；后于 1835 年，扩大一章，又以《浪漫派》为题在汉堡出版德文单行本。

③ 指 1832 年 7 月 5 日联邦议会的决议，凡篇幅不满 20 整张的外国书报杂志，必须获得各邦政府许可才准发行。或指 1834 年 6 月 12 日各联邦代表在维也纳秘密会议上的决议，联邦国成员国之一给予许可的出版物，另一成员国并不一定给予同样许可。

我向故国致以最亲切的问候。

1834 年 12 月写于巴黎。

亨利希·海涅

第二版前言[①]

本书第一版印刷完毕后我拿到一本样书时，看到书中到处是窜改的痕迹，使我着实吃了一惊。这里缺了一个形容词，那里少了一个插句，整段的文章都给删去了，也不管前后的联系。这样一来，不仅词句的意义，往往甚而连论旨也看不出来了。这种窜改，与其说是出于对上帝的畏惧，不如说是出于对皇帝的畏惧。当他们小心翼翼地删掉了政治上一切危险内容的同时，却放过了有关宗教的最成问题的内容。这样，就丧失了本书原有的那种爱国的、民主的倾向，并且出现了一个面目完全不同的精神从书中阴郁地凝视着我。这个精神像是经院神学的无聊争论，同我的人本主义的宽容本性是完全背道而驰的。

起初我曾希望在本书再版时还能把书中删去的地方补齐，我用这种想法来安慰自己。然而现下已不可能进行这种复原，因为在汉堡大火的时候我那份原稿在出版商那里丢失了[②]。目前我的记忆力太坏了，无法凭回忆来完成这项工作，此外目力情况也使我无法仔细地把本书校读一遍。我只好满足于以下的措施了，即依

---

① 这个前言是海涅晚年皈依宗教后写的，详见本书 143 页正文。

② 海涅死后原稿被人发现，这个中译本所根据的原文是根据原稿校补过的。

照早于德文版发表的法文版把德文版中被删去的若干较大的段落从法文重新译出并插到被删去的各个地方。其中有一段文字，曾被法国无数刊物引用过和议论过，数年前在法国议会中并被一位法国大政治家莫勒伯爵[①]谈论过。这段文字可以在这个新版的末尾看到。它可以说明我是否像一些正人君子所断言的那样，犯下了对外国诽谤德国和侮蔑德国的罪行。在愤慨之中我若发表了关于陈腐的、官方的德国的，关于这个发了霉的非利士人的国家的，——然而这个非利士人国家却从来没有出过歌利亚[②]，没有出过一个伟大人物——，我的见解，这样人们就会把我说过的话，说成是指那真正的德意志，是指那个伟大、神秘，也就是德国人民的、酣睡中的主权者的无名的、它的权标和王冠现在被长尾猴[③]耍弄着的德意志。因我在一段很长的期间简直不能表达我的真实思想，尤其是在联邦会议对"青年德国"[④]颁布了禁令（这禁令主要是针对我而发布的）并把我陷入了出版奴役史上所罕见的窘境之后，那些正人君子便更容易进行这种诬陷了。以后当我略能透露一些真相的时候，思想却仍然感到受束缚。

目前这本书仅是一个片断，并且也只好作为一个片断保存下去。老实说，我倒宁愿我能够让这本书从未出版过。因为从这本书问世以后，关于许多事物，尤其是关于上帝的事物，我的看法已

① 莫勒伯爵（Louis Matthieu Graf von Molé，1781—1855）法国政治家。

② 见《旧约》，《撒母耳记》上，xvii，4。

③ 长尾猴：见歌德《浮士德》第一部2335行以下。

④ 1835年，联邦会议查禁了"青年德国"派作家的著作。"青年德国"是自由主义倾向的一个德国作家团体，海涅是它的思想领袖。

经起了巨大的变化，我以前的许多主张，同我现在更好的确信有了矛盾。然而箭一离开弦便不再属于射手了，言论一离开说话人的口，尤其是经过大量印刷之后，便不再属于他了。此外如果我不把这本书付印，把它从我的全集中抽掉，那么一些局外的权威人士会向我提出咄咄逼人的抗议。在这种情况下我虽然可以仿照许多作家做过的那样，以缓和表达方法，婉曲措辞等手段来搪塞一番；但我从灵魂深处是憎恨模棱的字眼，伪善的花朵和懦怯的无花果树叶[①]的。然而在任何情况下，一个正直的人总还保有一项不可让与的权利，即公开承认错误的权利，因而我将在这里毫无顾虑地行使它。我要直言不讳地承认，本书中特别是涉及关于上帝的重大问题的话，都是错误的和轻率的。过去，我模仿学派中人的口气说，自然神论在理论上已被打倒，只是还在现象世界中苟延残喘罢了，这种主张，也是轻率和错误的。理性批判毁灭了坎特伯雷大主教安瑟伦[②]以来关于上帝存在所做的种种证明，但如果认为理性批判也结果了上帝的存在本身，那就不真实了。自然神论现在还活着，活得生气勃勃，它没有死，尤其是最新的德国哲学并没有杀死它。这个像蛛网一样的柏林的辩证法[③]既不能从灶窝里诱出一条狗，又不能杀死一只猫，那就更不能杀死一个上帝了。我亲身的体验可以作证，它的杀害是多么没有危险。它经常杀人，可是被杀

① 绘画和雕像习惯上作有无花果叶遮住私部。

② 安瑟伦(Anselm v. Canterbury，1033—1109)，中世纪经院哲学家，以提出上帝的本体论证明著称。

③ 指黑格尔及其学派。

的人仍然活着。黑格尔学派的门卫,好发怒的卢格[①]曾确凿而又坚决地、或不如说是坚决而又确凿地声称,他在《哈雷年鉴》上用了他那根看门棍[②]把我一棍子打死了,但正在那时我却在巴黎林荫大街上散步,比以前任何时候都身强力壮没有死的可能。可怜的、正直的卢格!后来当我在此地巴黎向他坦率地提起,我从来没有见过那可怕的能杀人的杂志《哈雷年鉴》,而且我那红润的面颊和我那吞食了许多牡蛎的大好食欲也使他确信,我多么不像一具死尸的时候,他也禁不住真心地大笑起来。事实上我那时还健康和肥胖,我胖到了极点,踌躇满志就像毁灭以前的尼布甲尼撒王[③]那样。

不幸!不多几年后我在身体和精神方面竟然发生了变化。从那时起我常常想起那个巴比伦的国王,他自以为是仁慈的上帝,但却从骄傲的顶峰上可怜地栽了下来,像牲畜一样匍匐在地上,吃着青草——(或许是莴苣菜吧)。这个传说载在美丽宏伟的《但以理书》中,我不仅要向那善良的卢格,而且向比我顽强得多的朋友马克思,也要向费尔巴哈,道梅尔[④],布鲁诺·鲍威尔,亨斯滕贝格[⑤]等先生,不管他们可能叫什么名字,我要向这些不信神的自命神

① 卢格(Arnold Ruge,1802—1880),青年黑格尔分子,小资产阶级民主主义者,《哈雷年鉴》创办人,1844年和马克思合编《德法年鉴》;后来成为民族自由党人。

② 指卢格在1838年发表的《亨利希·海涅及其作品》一文。

③ 参阅《旧约》,《但以理书》第4章。

④ 道梅尔(Daumer,Georg Friedrich,1800—1875)——《新时代的宗教》一书的作者,马克思和恩格斯对这本书曾有评论,见《马克思恩格斯全集》第7卷,第236—242页。

⑤ 亨斯滕贝格(Hengstenberg,Ernst Wilhelm,1802—1869)柏林大学神学教授。

灵[1]推荐这个传说，作为他们有益的教训。总之在《圣经》中还有许多动人的有价值的值得他们注意的故事，例如一开始就有一段有关天堂的禁树和蛇的故事，这条蛇可以说是一个在黑格尔诞生前六千年已经讲授了全部黑格尔哲学的小小女讲师。这位没有脚的女学者极其精辟地指出绝对怎样置身于存在和认识的同一性中，人怎样通过认识而变为上帝，换言之，上帝怎样在人里面达到其本身的意识。——这个表述法不如原来那几句话清楚："如果你们吃认识之树的果子，你们就会和上帝一样！"夏娃夫人在这全部论证之中只知道下面一点，即果子是被禁止的，正因为这些果子被禁止，所以她这位善良的妇女才吃了。但她刚刚吃完了这诱人的苹果，她立即就失去了她的天真，她那无邪的直率，从而察觉到，作为她那种阶级的一个人物，作为后世那么多皇帝和国王的老祖母，未免太赤身裸体了，她就想有一件衣服。当然只能是无花果树叶子的衣服，因为那时里昂丝绸制造商还没有出世，并且在天堂里也没有装饰品制造女工和推销时装的女店员——啊，天堂！然而多么奇怪，当妇女一旦达到了能思维的自我意识时，她最初想到的是一件新衣裳！这些《圣经》故事，尤其是这个蛇的故事我是怎么也不能忘怀的，我甚至想把它们作为铭题放在本书的卷首，就像在王公贵族花园门前往往能看到一块木牌，上面写着这样的告示："在这里设有刺脚的铁钩和自动步枪"。

我已经在最近的一本作品《罗曼采罗》中，说出了在我脑海中

① 原文为 Selbstgötter；初稿作 Götter ohne Gott，意为无神的诸神。

所发生的关于神的问题的思想变化[1]。从那时起人们便以基督徒的执拗向我提出了许多质问，问我在什么道路上遇到了这种优异的启示。善男信女们似乎渴望我用任何一种奇迹来戏弄他们一番。大概他们很想知道，我是否也像扫罗[2]那样，在走向大马士革的路上看见了一道光或者是否像比珥的儿子巴兰[3]骑了一头难驭的驴子，驴子突然张嘴口吐人言？不，没有，你们笃信的好人，我从来没有去大马士革旅行，关于大马士革，除了最近听说那里的犹太人因为吃了几个年老的卡布青派修士而被判罪以外，我什么也不知道。假如我没有读过所罗门王把所爱的人的鼻子，比作朝向大马士革一座塔的那篇颂歌[4]，我可能连这个城的名字也没有听说过。我也从未见过一头驴子，也就是一只四足的家伙，能像人一样说话，但这样的人我却遇到过够多的了，他们说起话来每一张嘴必像驴子一样。其实既不是什么异象，也不是天使般的狂喜境界，也不是来自天界的一种声音，也不是奇妙的梦或其他什么神灵显现把我带上蒙福的道路，而我之获得启示全靠阅读一部书。——一部书吗？正是，而且是一部古老的平常的书，这书像大自然一样谦虚，也像大自然一样自然；它好像那使我们得到温暖的太阳，又像那使我们得到滋养的面包一样：贡献多，而一无所求；它像架着眼镜，颤抖着令人敬爱的双唇每天都在读着它的一位老祖母一样亲

① 指《罗曼采罗》的跋里所表示的一些关于宗教信仰的意见。

② 见《新约》，《使徒行传》，ix，1—10。

③ 见《旧约》，《民数记》，xxii 28 以下。

④ 见《旧约》，《雅歌》，vii，4。

切而仁慈地望着我们——这部书可以言简意赅地就叫作“书”，Bibel[①]。人们也把这部书叫作“圣书”，这是有道理的；谁如果失去了自己的上帝，他就可以在这本书里重新找到他，谁如果从来不认识上帝，上帝的语言的气息会从这里向他吹拂。善于识别珍宝的犹太人在耶路撒冷第二圣殿着火时，抛开了烛台、明灯之类的金银祭器，甚至缀满大颗宝石的高级祭司穿的胸衣，而只抢出了《圣经》，他们清楚地知道，他们在做一件多么重要的事。这才是真正的圣殿的珍宝；正是这份珍宝令人感激地终于没有遭到火焰的吞噬，也没有遭到据拉比们传说落到那么坏的下场的恶汉梯都斯·维斯巴西亚努斯[②]的抢劫。第二圣殿被焚前二百年适值托勒密王朝菲拉得尔孚斯王[③]的黄金时代。那时生活在耶路撒冷的一位犹太祭司埃利采之子西拉之子约书亚(Josua Ben Siras Ben Eliezer)在一本名叫《曼莎琳》[④]的箴言集里表达了这个时代对于这部《圣经》的各种想法，就此我愿在这里介绍一下。他的话像祭司一样庄严，同时像一个昨天还在世的人由肺腑中涌现出来的那样新鲜，那样令人心旷而神怡：

“书中的一切正是与至高的上帝所订立的誓约。也就是摩西

① 德语：《圣经》，这个词源出希腊语，意思就是书。

② Titus Flavius Vespasianus (9—79)，罗马军人，66年侵略犹太，侵略巴勒斯坦。69年起为罗马皇帝。

③ Ptolemy II Philadelphus(公元前309—前246)埃及托勒密王朝第二个王，在位期间亚历山得里亚的学术文化繁荣，流传到现在的《旧约》七十人希腊文译本据传是受命于他翻译的。

④ Meschalim，希伯来语，意为“箴言”，此书写作时代约为公元前200—前170年间，希伯来文本现仅存残本，希腊文译本称为《西拉的智慧》，天主教列入《旧约》属《智慧书》(汉译本称《德训篇》)，新教则视为“外经”。

命令雅各家作为珍宝的戒律。智慧从那里流出来，就像那涨水的比逊河，又像那春汛期间的底格里斯河。理智从那里流出来，像那涨水的幼发拉底河，又像那收获期间的约旦河。从这部书中迸发出像光明，又像秋天尼罗河水那样的化育之恩。没有任何人曾经把这部书学尽：而且永远不可能有人把它彻底学透。因为它的意义比任何海洋更为丰富，它的劝导比任何深渊更深。”

1852年阳春五月写于巴黎

亨利希·海涅

第　一　篇

法国人最近读了一些我们的文学作品，就以为能够理解德国了。然而他们借此只不过从完全无知的状态，刚刚上升到问题的表面。因为只要他们不理解德国宗教和哲学的意义，我们的文学作品对他们仍是一些默默无言的花朵，整个德国思想对他们仍是一个拒人于千里之外的哑谜。

现在我打算就德国宗教和哲学作一些解说性的介绍，我相信我在做一项有益的工作。这对我来说并不是个容易的课题。首先应当避免使用法国人感到完全陌生的那种经院语言的表现法。可是我对于神学的以及形而上学的蕴奥并未深究到使自己能够依照法国公众的需要把它们简单扼要地表达出来的程度。所以我只将论及德国神学和哲学中常常为人谈到的一些重大问题，我只将阐明它们的社会的重要性，并且将始终考虑到自己表达能力的局限性和法国读者的领会能力。

偶尔看到这部著作的一些德国大哲学家们，一定会耸肩嘲笑本书所述全部内容的贫乏样式。但他们最好考虑到：我所说的这一星半点却表达得十分清楚明了。而他们的著作尽管非常彻底，莫测高深地彻底，非常深刻，令人惊讶地深刻，但同样还是令人无法理解的。试问一个被封锁的粮仓，没有钥匙去打开它，那么它对人民又有什么好处呢？人民如饥似渴地需求知识，我诚恳地把这一小份精神食粮分赠给人民，他们是会因此感谢我的。

我相信妨碍大多数德国学者以通俗易懂的方式论述宗教和哲学的原因，并不在于他们缺乏才能。我相信他们不敢把自己思维的种种结果告诉人民，是由于他们对这些结果有所顾虑。至于我，却是没有这种顾虑的，因为我不是学者，我本身是人民。我不是学者，我并不在德国七百贤人的行列里。我和广大群众站在他们的智慧宝库门口，只要那里走漏出任何一点真理，并且落到我的手上，那就行了：——我用好看的字母把它写在纸上，然后交给排字工人；他把它用铅字排出来交给印刷工人；印刷工人把它印出来，它就属于全世界了。

在德国我们所喜闻乐见的宗教是基督教。因此我就得叙述：什么是基督教，它怎样变成罗马天主教，又怎样从罗马天主教中出现新教，并从新教中出现了德国哲学。

那么现在我从宗教谈起。我预先请求一切虔信的灵魂，千万不必为此而担忧。虔信的灵魂！不要害怕！没有任何亵渎神明的戏谑会玷污你们的清听。这种戏谑在德国也许还有用处，因为在德国目前还需要消解宗教的势力。我们那边的情况像你们革命前的情况一样，也就是说基督教和旧政权结成了不可分解的同盟。只要基督教对人民群众还发生影响，那么旧政权就不可能被打碎。参孙[①]挥动刑斧之前，必须先有伏尔泰发出他那锐利的嘲笑。然

① Samson，《旧约》传说中的大力士（《士师记》，xiii—xvi）；这里实在是指法国革命时执行路易十六死刑的刽子手查理·桑松（Charles Sanson）。

而无论是前者的刑斧也好，或是后者的嘲笑也好，基本上并没有证明什么，而只是起了一些影响作用。伏尔泰只能损伤基督教的肉体。他从教会史中挖掘出来的所有诙谐，关于教条和礼拜仪式、关于人类最神圣的书籍《圣经》、关于诗歌里的最美丽的花朵处女马利亚的机警言论，以及他用来攻击僧侣阶层时所射出的那一整部哲学利箭的辞典[①]，只不过损伤了基督教迟早要死的肉体，并没有触伤基督教的内在本质，没有触伤它那深邃的精神，没有触伤它那永恒的灵魂。

因为基督教是一个观念，作为观念这样一种东西，如任何一个观念一样，是不会破碎的、是不死的。但这个观念又是什么呢？

正因为人们还没有明确理解这个观念，并把种种表面现象当作了主要的东西，所以至今还没有一部基督教的历史。两个互相对立的派别编写着教会史，并经常是互相矛盾着，但一个派别和另一个派别一样，它们始终不能明确说出：作为基督教的中心点的，在基督教的象征中、在它的教条和礼拜仪式中以及在它的全部历史中力求显示的，并且在基督教的诸民族的现实生活中表现出来的那个观念究竟是什么。无论天主教的大主教巴龙纽斯[②]或新教的宫廷顾问施勒克[③]，都没有向我们揭示那个观念究竟是什么。并且即使翻遍了曼西[④]的《宗教会议记录》，阿赛马尼[⑤]的《祈祷典

① 指伏尔泰的《哲学词典》。

② Cäsar Baronius（1538—1607），教会史家。

③ Johann Matthias Schrökh（1733—1808），教会史家。

④ J. D. Mansi（1692—1769），Joseph Assemani（1710—1782）和 Saccharelli（未详）等人都是十八世纪天主教的教会史家。

⑤ 同上。

范》和萨卡累利[1]的整部《教会史》,你们还是看不出基督教的这个观念究竟是什么。你们在东方教会史或西方教会史中究竟看到些什么呢?在东方教会史中你们看到的无非是教义的诡辩,在这里又出现了古希腊的诡辩哲学;在西方教会史中你们看到的无非是有关戒律、有关教会利益的争论,在这里古罗马的法学决疑论和统治艺术以新的形式和强制手段来重新起着作用。事实上,一如人们在君士坦丁堡争论着有关逻各斯的问题一样,人们在罗马争论着有关世俗权力和教会权力的关系问题;一如人们在君士坦丁堡争论着上帝基督是否同质的问题一样,人们在罗马争论着主教职位授与权的问题。但拜占廷的诸问题:逻各斯是否和天父同质?马利亚应称为神的生母还是人的生母?基督是由于缺乏食物而不得不挨饿呢?还是他甘心情愿想要挨饿呢?所有这些问题的背后实际上都隐藏着种种宫廷阴谋,它们的解决全依赖于教廷里密室中的窃窃私语和连连嗤笑,例如,依赖于欧多茜亚的失势[2]还是普尔开丽亚[3]的失势,——因为这个妇人憎恨涅斯特留斯[4],因为他泄露了她的私情;而那一个妇人却憎恨赛利路斯[5],因为他受普尔开丽亚的庇护。归根结底,一切都关系到妇女们和阉宦们的闲谈哓舌。一个人往往在某种教条的名义下,一个党派往往由于某一

---

① J. D. Mansi (1692—1769), Joseph Assemani (1710—1782)和 Saccharelli(未详)等人都是十八世纪天主教的教会史家。

② Eudocia,东罗马帝国皇帝 Theodosius II(408—450 年在位)的皇后(原文作 Eudoxia,那是 Arcadius 的皇后,与后文无关,疑误)。

③ Pulcheria,Theodosius II 之姊,414—453 年间东罗马帝国的实际统治者。

④ Nestorius 428—431 年间君士坦丁堡大主教。

⑤ Cyrillus 是 412—444 年间亚历山大城大主教。

个人之故而受到迫害或受到支持。西方的情况也是一样，罗马要求统治下去，“当它的军团战败时，它便把一些教条送到外省去”；一切关于信仰的争端都以罗马的篡位为其背景；罗马大主教的最高权力是必须巩固的。他对于真正的信仰问题总是非常宽容的，然而当教会的权利一旦遭到侵犯，就会立即喷出谴责的烈焰。他对于基督的人格议论得并不多，但对于《伊西多教令集》[①]的效力却呶呶不休；他通过教会法，主教的任免，诸侯势力的削弱，修道僧团，僧侣独身制等等而集中权力。然而这就是基督教吗？读了这些历史，基督教的观念就会向我们明白显示吗？这个观念是什么呢？

假如我们不抱成见地考察一下摩尼教派和诺斯替教派的历史，那么我们在基督诞生后最初几个世纪里就可以发现这个观念如何在历史上形成，并如何表现于现象世界之中。尽管摩尼教派被划为异端，诺斯替教派受到谴责，尽管教会给它们处以革出教门罪，但它们对教义的影响却保留下来了，从它们的象征中发展了天主教艺术，它们的思想方式贯穿了基督教各民族的全部生活。摩尼教派基本上与诺斯替教派没有什么差别。两者都有善恶二种根源相斗争的教义。摩尼教从古代波斯宗教那里接受了奥尔姆兹(Ormuz)，光明，和阿利曼(Ahriman)，黑暗，互相敌对的教义。另一教派，即真正的诺斯替教派，进一步相信善根之先在，并说明恶根之发生是由于流出，由于诸“爱伊奥恩”[②]的代代生殖，“爱伊奥

① 《伊西多教令集》是一部伪书，其中一些伪教令对于罗马教皇有利。

② aion，希腊语，“永恒”之意，在诺斯替教哲学里意为“永恒的因素”。

恩”离开其本源愈远，它们就变得愈混浊，愈坏。按照凯林图斯[①]所说，我们世界的创造者决不是最高神本身，而是它的一次流出，亦即诸“爱伊奥恩”之一，即真正的造物者（Demiurgos），它逐渐变了质，现在成为恶根，同那最高神中直接生出来的逻各斯，即善根敌对着。诺斯替教的这个世界观是从古代印度来的，它附带着下面一些教义，上帝的道成肉身，克服肉欲，精神的自我内省等等，它带来了禁欲的、沉思的僧侣生活，而这才是基督教观念的最纯正的花朵。在教义中这个观念表现得非常混乱，在教仪中只能表达得非常暧昧。不过我们还是看见善恶两种根源的学说到处出现：邪恶的撒旦和善良的基督对立着，基督代表精神世界，撒旦代表物质世界；我们的灵魂属于精神世界，肉体属于物质世界；从而，整个现象世界，即自然，根本是恶的；撒旦，这黑暗的主宰者，就想用它来引诱我们堕落；因此，必须谢绝人生中一切感性快乐，对我们的肉体，这个撒旦的采邑，加以折磨，这样才能使灵魂越加庄严地升到光明的天国，升到基督光辉灿烂的国度。

这种世界观，这种基督教的真正根本思想，像传染病一样以令人难以置信的速度蔓延了整个罗马帝国，这种病痛延续了整个中世纪，它时而加剧，时而弛缓，使我们现代人还在肢体中感到痉挛和无力。我们当中即使有许多人已经痊愈，但还是逃不出这个无处不在的病院气氛，而且作为许多病人当中唯一的一个健康人，他仍会感到不幸。假如有一天人类完全恢复了健康，在肉体和灵魂之间重建了和平，肉体和灵魂重新在原始的和谐中互相渗透：那时

① Cerinthos，公元二世纪初人，早期诺斯替教派分子。

人们大概不会理解基督教在肉体和灵魂之间所挑起的人为的不和了。将被自由选择的拥抱所产生、将在一个欢乐的宗教中茁壮繁荣起来的、更幸福、更美好的世世代代，必将对这些忧心忡忡、由于摈弃了这花花世界上一切享受、由于扼杀了温暖而多彩的感性，而变为褪色的、冷冰冰的幽灵的祖先们，报以怜悯的苦笑。是啊！我要肯定地说，我们的后代子孙一定要比我们美好得多和幸福得多。因为我相信进步，我相信人类注定是要享福的；而关于上帝，我怀着一种见解，比那些臆断上帝创造人类是为了使他们受难的善男信女所抱的见解还要高超。我愿就在这块大地上通过自由的政治制度和产业制度的祝福，建立起那种为善男信女们误认为只有在世界末日那天，在天堂里才会实现的无上幸福。也许我的见解和信徒们的想法同样都是一种愚昧的希望，因为无论从政治或精神的意义上来说，还是从使徒的意义或天主教的意义上来说，都没有什么所谓人类的复活。

也许人类注定要永受苦难，各民族要永受诅咒，永受暴君的蹂躏，受暴君的帮凶的剥削并受到暴君的侍仆的侮弄。

唉，在这种情况下，人们即便认识到基督教是迷妄，也一定还会力图把它保存下去，他们必将披上僧服，赤着脚走遍欧洲，宣讲一切地上的财富的虚幻，宣讲弃绝一切，把抚慰人心的十字架放在被鞭挞的和被侮弄的人们面前，并许给他们死后的全部七层天堂。

也许正因为地上的大人物们确信自己的最高权力，并决心不顾我们的不幸把这权力永远滥用下去，他们才坚信基督教对于他们的人民是必要的；他们千辛万苦地维持这种宗教，原来是出于这样一种柔和的人类的感情！

所以基督教最终的命运就决定于我们对它是否仍然需要。这个宗教在过去一千八百多年中对于受苦受难的人们曾是一种恩惠，它曾是出自天意的、神灵的和神圣的。这个宗教使强横者温顺、使温顺者坚强，通过共同的感情和共同的语言把各民族结合在一起，它对文明作出的全部贡献，以及护教论者所称颂的许多事情，如果和这一宗教亲自施予人们的那种伟大的安慰相比，还是微不足道的。受难的神，头戴荆冠的救世主，钉死在十字架上的基督（他的鲜血有如渗入人类伤口的镇痛的乳香），这种象征应该享有永恒的荣誉。尤其是诗人会以畏敬之心来承认这种象征的令人战栗的崇高性。中世纪艺术中和生活中呈现出来的各种象征的整个体系，无论到什么时代都会激起诗人的惊叹。诚然，在基督教艺术里，尤其是在建筑方面，成果是多么巨大啊！那些哥特式大教堂和礼拜仪式是何等的和谐一致，在这些大教堂里，教会的思想又是何等明白地显示出来！一切都力求升入云霄，一切都在变化为另外一种实体；石块会发芽，生长枝叶而变成树木；葡萄和麦穗会变成血和肉；人会变成神，神会变成纯粹精神！中世纪的基督教生活对于诗人是丰富的取之不尽的宝贵的素材。只有通过基督教才有可能在这地球上形成下面这些情况，它们含有那样鲜明的对照，那样五光十色的痛苦和那样离奇的美，以致使人认为这类事物从来不曾在现实中存在过，而所有这一切大概是一场巨大的噩梦，是一个疯狂的神的噩梦。那时，大自然本身装扮得好像梦幻一般；然而，尽管人们埋头于抽象的毫无意义的思辨，从而不耐烦地背离了大自然，但大自然却仍旧时常用它那样甜蜜、那样充满爱情、那样具有魅力的声音来唤醒他们，使他们情不自禁地倾听，然后微笑，然后惊愕，然后甚而得一场致死之病。我在这里想起了巴塞尔夜莺的故事，因为你们不一定知道这个故事，所以我就来谈谈它。

1433年5月，宗教会议的开会期间，一群僧侣，其中有主教、博士和各式各样的修士，一同到巴塞尔附近的树林中去散步，他们讨论着有关神学的问题，并剔精究微详加论考，有的争论主教就职后把第一年薪俸献给教皇的年贡、僧职继承权以及教皇的神职人员任命保留权，有的探究托马斯·阿奎那作为一个哲学家是否比波那文图拉[①]更为伟大，诸如此类，谁能一一列举！然而正当他们热衷于教义的抽象的议论时，却突然中止了议论，宛然像脚下生了根一样，停在一株盛开的菩提树前。那树上正栖止着一只夜莺，千回百转地在高唱它那悠扬悦耳的歌曲。这时学者先生们都感到一种不可言喻的奇妙心情。煦和的春天的曲调渗透到他们那些饱受经院教规束缚的心灵，他们的感情从昏迷的冬眠中苏醒过来，他们以惊愕雀跃的心情互相注视；直到最后，其中有一个提出了尖锐的意见，说这事必定有些蹊跷，这只夜莺可能是个妖怪，这个妖怪想用它那悦耳的歌声引诱他们离开基督教问题的交谈，并引诱他们去享受快乐和犯其他甜蜜的罪。于是这人就念起当时通行的咒语，开始赶鬼：adjuro te per eum，qui venturus est，judicare vivos et mortuos etc. etc.（"在将要来到这里审判生人和死人的那位面前，我向你起誓等等……。"）据说在念咒的当儿，这只鸟竟回答

① 托马斯·阿奎那（Thomas Aquinas，1225—1274）和波那文图拉（Bonaventura，1221—1274），中世纪经院哲学家最著名的代表人物。

说:“是啊,我就是一个邪恶的精灵!”随即笑着飞走了;但听到它那歌声的人,据说当天便都病倒了,并于不久之后就死去了。

这个故事不需要什么注解了。它整个儿带着一个把一切甜蜜的可爱的东西都当作妖魔来加以咒骂的时代的凄惨印记。甚而连一只夜莺也要遭受诬陷,当它歌唱时,人们便在自己身上画十字。真正的基督徒就这样战战兢兢,闭目塞听,活像一个抽象的阴魂,漫游在鲜花盛开的大自然中。为了有助于理解德国新浪漫主义文学、当我必须彻底谈谈德国民间信仰时,我也许在以后的章节里,详细叙述基督教徒对待大自然的这种关系。目前我只能指出,那些被德国专家们引入歧途的法国著作家,假如认为整个中世纪民间信仰在欧洲到处都是一样的话,那么他们便是大错特错了。只有关于善根,关于基督的王国,人们在全欧洲抱着同样的一些见解;罗马教会对此作了周密的安排,谁在这个问题上违背既定的见解,他就是异教徒。但关于恶根,关于撒旦的王国,不同的看法却在不同的国家中占有统治的地位,在日耳曼语系的北方,人们有着和罗马语系的南方完全不同的观念。这事的发生是由于基督教僧侣们并未把先前的古老的本民族的诸神当作空虚的妄想加以排斥,而退步地承认他们是确实存在的,不过同时又认为,所有这些神只是男性的或女性的妖魔鬼怪,由于基督的胜利,它们已失去了左右人类的势力,现在要靠肉欲和诡计来诱惑人类去犯罪。整个奥林比斯山竟变成了一座高耸入云的地狱,当一个中世纪诗人还那样美妙地歌颂希腊诸神的历史的时候,一个虔诚的基督徒在其中却只见到一些妖魔鬼怪。修士们阴沉的错觉把可怜的维纳斯攻击得最为凶狠；特别把她看作别西卜[1]的女儿，那位善良的骑士坦惠则[2]面对着维纳斯说：

啊！维纳斯，我美丽的新妇，
你是一个女妖！

也就是说，维纳斯把坦惠则诱往一个叫作维纳斯岭的奇异的山洞里；据传说，这位美丽的女神在那里与她的侍女们和男妾们镇日嬉戏和舞蹈，过着最淫荡的生活。甚而那可怜的狄亚娜，尽管她贞洁无邪，也免不了遭到和维纳斯类似的命运；使她每夜带着山林仙女们在森林中游逛，从而产生了疯狂的女妖大军和荒唐的狩猎等传说。这里仍然完全表现出诺斯替教派关于以往神灵们蜕化变质的看法，而且在对以前民族信仰的这种改造中，最为意味深长地显示了基督教的观念。

欧洲各民族的信仰，北部要比南部更多地具有泛神论倾向，民族信仰的神秘和象征，关系到一种自然崇拜，人们崇拜着任何一种自然元素中不可思议的本质，在每一棵树木中都有神灵在呼吸，整个现象世界都充满了神灵；基督教把这种看法颠倒过来，用一个充满魔鬼的自然代替了那个充满神灵的自然。然而人们不容易把与罗马文明共同统治南欧的那种明朗的、被艺术美化了的希腊神话里的形象，有如把日耳曼诸神那样，改变成可厌的、令人战栗的魔

① Beelzebub，魔鬼撒旦的别名之一。

② Tanhüser，德国传说故事中人物，为维纳斯的魔法所迷，感到悔恨向教皇赎罪，结果，未得赎免而失踪（大概为维纳斯所慑去）。

鬼面貌。日耳曼诸神的形象当然不是由特别的艺术审美感所塑造的:它们是本来像北方那样忧郁和阴暗。所以在你们法国毕竟无法像在我国那样构成阴惨可怕的恶魔世界,在你们那里甚而连鬼怪妖术之类也获得一种愉快的形象。你们的民间传说若比起我们那些民间传说,也就是说,比起那种从血和雾中产生、阴险地向我们狞笑的怪胎来说,是多么美丽、明朗和丰富多彩啊! 当我们中世纪诗人大都选择你们在布列塔尼和诺曼底[①]被想出来或被初次处理的素材时,大概曾故意尽量把那种愉快而古老的法国精神赋予自己的作品。然而在我们的民族诗歌和口头传说中却仍然保留着那种为你们所意想不到的阴暗的北方精神。你们和我们一样有各种各样自然元素的精灵,但我们的精灵和你们的精灵的差异,却有如一个德国人和一个法国人相差那样不同。你们的短篇故事诗和魔法传奇里出现的精灵,如果和我们那些阴郁的、往往是污秽的鬼怪比较起来,又是多么色彩鲜明,干净利落。你们的仙女和自然元素的精灵,不管来自何方,来自可恩瓦里士[②]或来自阿拉伯,都已经转化为法国的精灵,一个法国精灵和一个德国精灵的不同,也许就像一位戴了黄色漆皮手套在柯勃仑茨林荫道上游逛的法国纨绔子弟和一个背负重荷的德国脚夫那样不同。你们的女水妖,例如美露茜娜[③]和我们的水妖的不同,正如一位公主和一个洗衣妇那

① Bretagne 和 Normandie,法国地名,海涅这样说是指中世纪德国诗人大都模仿法国作品。

② Cornwallis.待考;有人说即英国的威尔斯半岛,阿瑟王传说的发源地。

③ Melusine,法国古代传说中的女水妖。

样不同。如果仙女摩伽娜[①]碰到了赤身裸体浑身涂了香脂，骑着扫帚飞向布罗肯山[②]的一个德国女妖，她将会多么吃惊。这座山可不是一座愉快的阿瓦隆[③]，而是一个所有狂乱而丑陋的东西的集会处。在这座山顶上坐着装扮成一只黑色牡山羊的撒旦。每个女妖手里都拿着一支蜡烛去接近它，并从背后吻它背部的末端。然后这群声名狼藉的姊妹们便围着它跳舞，并在口中唱着："咚得勒姆斯，咚得勒姆斯！"牡山羊咩咩地叫着，地狱里的沙育舞[④]发出阵阵的欢呼。对于一个女妖来说，如果她在这场狂舞里失落一只鞋子，这便是一个凶兆，这意味着她在本年度里就要被活活地烧死。然而这种疯狂的、道地伯辽兹[⑤]派的安息日音乐却把一切不安的预感都压倒了；——当这可怜的女妖次日清晨从昏醉中清醒过来的时候，她正好是赤条条、筋疲力尽地躺在余烬将熄的灶旁的灰堆里。

人们在洛特灵根(Lothringen)大公殿下所属刑事裁判官、尊贵而博学的尼古拉·雷米裘斯(Nicolai Remigius)博士的《鬼怪学》里，可以找到有关这些女妖的详细记载。这个机敏的人确实有过熟悉女妖活动的最好机会。他审理过她们的案件，仅仅在他的任期里，洛特灵根就有八百名妇女因犯有行使妖术罪被判火刑。证明方法大都是把嫌疑犯的手脚捆绑起来，把她们丢到水里。如

① Morgana，传说中阿瑟王的姊妹，会妖法。

② Brocken，德国哈尔茨山的最高峰，传说中的女妖集会之处。

③ Avalon，摩伽娜所统治的地方。

④ chahüt，当时巴黎流行的一种色情狂乱的舞蹈。

⑤ Berlioz，Hector（1803—1869），法国浪漫派作曲家。

果下沉并淹死，那么就是清白的；但如果不下沉而浮游在水面上，那么就判定她们有罪，并把她们活活烧死。这就是那个时代的逻辑。

作为德国妖怪性格中的特征，我们看到他们身上丝毫没有理想的东西，在他们身上是卑鄙的东西和丑陋的东西的混合。他们越是不成体统地亲近我们，他们的作为也就越加阴惨可怕。再也没有什么东西比我们的波尔特精灵，克伯尔德精灵和侏儒精灵更能使人毛骨悚然的了。普雷托里乌斯[①]在他的《人妖论》中有过这方面的记载，现在让我依据道贝内克[②]，把它介绍如下：

“旧时的人们总认为波尔特精灵无非是些寻常的人，他们长得像小孩子，穿着花花绿绿的小上衣和小衣服。有些人还说：他们在背上插着过去自己被杀时的凶器，如刀子或另外的什么东西，而且样子完全像被害时那么可怕。因为迷信家们认为这种精灵是过去在这所房屋里被杀害者的灵魂。他们传述着许多故事，他们说，克伯尔德精灵在一个时期内帮助一些女仆和厨娘出色地完成一些家务劳动，于是就获得了这些妇女的欢心。这样一来许多荡妇便对克伯尔德精灵产生了一种爱慕的心情，她们极其渴望着看一下这些小仆人，并向它们提出了这个要求；可是这些波尔特精灵却一直不肯同意，它们说，看到它们的人不可避免是要感到惊慌失措的。不过这些淫荡的女仆还是不肯罢休，于是，据说这些克伯尔德精灵便在房子里给她们指定了一个显身的地方，并叫她们随身带一桶

① Praetorius，Johannes(1630—1680)，德国民俗学家。

② Dobeneck，F. von(生卒不详)，这里指他的《德国中世纪民间信仰和英雄传说》(1815 年)。

冷水来。接着就发生了以下的事：一个这样的克伯尔德精灵，赤裸裸地躺在大概是阁楼里的一个坐垫上，背上戳了一把大屠刀。看到这种情况的女仆大致是要被吓昏的。于是这小家伙立刻跳起来，提着水，一遍又一遍地浇灌这个荡妇，以便使她苏醒过来。从此以后，女仆们便失去了她们的兴趣，再不希望看到这个可爱的'小奇姆'了。据说克伯尔德精灵有各种奇特的名称，但一般就叫作奇姆。又据说，它们一旦和仆婢交好之后，便替这些人操持一切家务；刷马、喂料、打扫马厩，把一切东西擦净磨光，维持厨房的清洁卫生和精心料理家中一切该做的事，并且据说家畜也要由它们来养肥和繁殖；为此克伯尔德精灵必须受到仆婢们的爱抚，她们一点也不能触犯它们，既不能加以嘲笑，也不能在供应食品上有所疏忽。也就是说，假如一个厨娘把这个小家伙迎到家里去做她的秘密帮手，那么她就必须每天准时备好一小盘好吃的东西放在家中的一定场所，然后再走开；这以后她可以一直偷懒，晚上按时睡觉，在清晨就会发现自己的工作已经安排停当。万一她忘记了她的义务，或是疏忽了食品的供应，那么她不但仍须独自完成自己的工作，而且还要碰到各式各样的不幸：她或被热水烫伤，或把壶罐和容器打碎，把食品弄翻或把食品掉在地上等等，结果作为处罚必然遭到那家主人或主妇的痛骂；这时据说人们往往听到克伯尔德精灵在小声窃笑或哈哈大笑。即便辞退了这个仆婢，据说这样一个克伯尔德精灵仍旧还要留在这个人家里。是的，那个被辞掉的女仆还必须把这个克伯尔德精灵介绍给新来的女仆，并且还要好好嘱咐后者也要如此这般地侍候它。如果新女仆不愿意这样做，那么她也少不了要遭到一连串的不幸，从而不得不尽快地离开这个

人家。”

下面这段小故事大概是其中最可怕的一个了：

“一个女仆长年把一个隐身的宅妖安顿在身边，她在灶旁给它安排了一小块地方，在漫长的冬夜里一直和它交谈。有一次这个女仆请求小海茵茨——她一向这样称呼这个精灵——显身让人看看它的模样。但小海茵茨却拒绝了这个要求。不过它最后终于同意了，并且叫她到地窖里去见它。于是这个女仆拿了一支蜡烛，走下地窖，就在一个敞盖的大桶里看到一个已死的婴儿漂浮在血泊之中。原来这个女仆在几年前生过一个私生子，她秘密地杀死了它，把它塞进一个大桶里。”

虽然，德国人就是这样，他们常常在恐惧中寻求无尚的谑趣，但有关克伯尔德精灵的民间传说又往往充满了好玩的情节。关于吁德根的一些故事是特别有趣的。在我国纺织女工的闲谈里和鬼怪传奇故事里经常提到吁德根，它是十二世纪时在希尔德斯海姆地方大显身手的一个克伯尔德精灵。关于它，在一本古老的年代纪里有着下述一段经常被人引用的记载：

1132 年希尔德斯海姆大主教教区内有一个妖精，长时期以来一贯出现在众人的面前。它装扮成一个农民，头戴一顶礼帽：因此农民们就用撒克逊语言叫它吁德根。这个精灵喜欢和人们来往，它时而显身，或时而隐身，并向人们提出一些问题或答复一些问题。它从不无缘无故地伤害任何人。但如果有人嘲笑它或侮辱它，那么它就要对它所受的屈枉进行充分的报复。有一次路加的布尔哈特伯爵(Burchard v. Luka)被维森堡的赫尔曼伯爵(Hermann v. Wiesenburg)杀害了，后者的领地面临复仇者劫掠的危险，这时吁德根就把希尔德海姆的主教伯恩哈特（Bernhard）从睡梦中叫醒对他说："起来，秃头！维森堡伯爵的采邑因杀人事件荒芜了，同时也没有人看管，你可以轻而易举地占领它。"于是这个主教迅速召集了战士侵入了罪犯维森堡伯爵的领地，事后并得到帝国皇帝的许可，把那块领地归并到自己的名下。这个精灵屡次主动地把一些面临的危险预告给这位主教，它尤其时常出现在主教大院的厨房里和厨师们聊天，并以各式各样的方式为他们服务。人们逐渐和这个小精灵混熟了，有一个帮厨的青年，在它每次显身的时候竟敢嘲弄它，或者用脏水浇泼它。这个精灵曾央求厨师长叫那个顽童停止这种恶作剧。厨师长回答说："你是一个精灵却怕一个男孩！"于是吁德根威胁着说："你既不肯惩罚那个男孩，那么我要在不多几天内让你看看我究竟多么怕他。"此后不久，那个嘲弄过吁德根的男孩单独在厨房里睡着了。这时，那个精灵就抓住他，把他绞死，并把他撕成碎块塞进火傍的大锅里。厨师见到了这个勾当以后又咒骂这个精灵一顿。于是第二天吁德根就用蟾蜍的毒汁和血液洒遍了铁钎上的烧肉，把它们弄得不能入口。这个报复引起了厨师长的再次咒骂，此后，这个精灵终于把他从一个用魔术架起的假桥上推下深深的护城河里去了。除此之外，这个精灵还通宵达旦地巡视着全市的城墙和望楼，迫使守夜者经常处于一种戒备的状态。有一个男人娶了一个不贞洁的老婆，一次当他要出门旅行的时候，他开玩笑地对吁德根说："好朋友，我把我的老婆托付给你，你要细心看住她！"这个男人一离开家门，那淫荡的婆娘马上便让她的情夫接二连三地来到她家。但吁德根却不让他们接近她，它把他们从床上拖起来摔在地上。当这个男人旅行回来时，

吁德根远远就去迎接他，并且对他说："你回来了，这使我非常高兴，从此我可以放下你压在我肩上的重担了。我吃尽了难言的苦头总算防止了你老婆和人私通，可是我请求你再也别把她交给我看管了，我情愿看管全萨克森州的所有猪群，也不愿看管一个千方百计试图投身于情夫怀抱的婆娘。"

为了正确起见，我必须说明：吁德根戴的帽子和克伯尔德精灵平时的装束有些不同。后者大多穿灰色衣服，戴红色小帽。至少在丹麦，它们是那样打扮的，而且现在据说在丹麦为数最多。以前我认为，由于克伯尔德精灵最爱吃"红麦糊"，所以他们十分喜欢住在丹麦。不过，今年夏天我在巴黎荣幸地见到了丹麦年轻诗人安徒生[①]先生，他极其肯定地向我断言，在丹麦人们把克伯尔德精灵叫作尼森，而它们是最爱吃黄油拌稀饭的。克伯尔德精灵一旦在某家定居下来以后，它们便不大愿意很快地离开那里。不过它们从不会连个招呼也不打就进来住下，如果它们想定居在某处，它们便用下述的方法向房主人示意：它们在夜间把各种刨花抱进房中，并在牛奶桶里撒些牲畜粪。如果房主不把那些刨花抛出去，或者他和他的家属一道喝了那弄脏了的牛奶，克伯尔德精灵们便要长期住在他家里了。这种事，会使许多人感到厌烦。有一个可怜的于特兰人终于十分讨厌同这样一个克伯尔德精灵住在一起了。为此，他甚而想到放弃自己的房屋。于是他把家具用品装上一辆车子搬往邻村，以便在那里重新定居。不料当他途中回顾一下的时候，他仍旧看见了那头戴小红帽的克伯尔德精灵，从一个

① 《安徒生童话集》的作者。

空桶中探出小脑袋并向他亲切地喊着说:“Wi flütten!”(我们搬家了!)。

关于这些小妖怪的事迹,我也许说得太长了,现在该是重新提及大妖怪的时候了。然而所有这些故事都说明德国人民的信仰和性格。几百年来这种信仰是和教会信仰同样强有力的。当那位博学多闻的雷米裘斯博士完成了他那本关于妖术的大著时,他相信他已精通了他的研究对象,他甚而自以为他现在也能亲自施行妖术了。然而像他这样一个诚实的人,是不免要向法庭告发自己是个巫师的。这样,由于他的自首,他便被人处以火刑了。

这种惨事的发生并不直接起因于基督教教会。而是间接地起因于:基督教教会把古老的日耳曼民族宗教恶意地颠倒过来;把德国人的泛神主义世界观改造为泛鬼主义的世界观;把这个民族早先视为神圣的东西变成了讨厌的妖魔鬼怪。但人总是不愿意抛弃自己和自己祖先所珍惜过的东西。尽管这些东西受到糟踏,受到歪曲,他的感情暗地里和它们仍是紧密地联系在一起的。因此那个被颠倒了的民间信仰在德国也许会比基督教保存得更为长久。因为在民族性中后者从来不如前者那样根深蒂固。宗教改革时代,人们对天主教的传说很快就失去了信仰,但对于魔法和妖术之类的信仰却迥非如此。

路德虽不再相信天主教的奇迹,但他还相信妖魔的存在。他的席间演说集充满着妖魔鬼怪的离奇故事。他本人在困难中就常常以为自己在和具有形体的魔鬼作斗争。他在瓦尔特堡翻译《新约》时,曾受到魔鬼的一再打扰,因此他就拿起墨水瓶来猛力投掷魔鬼的头颅。从此以后魔鬼对于墨水,尤其是对印刷用的油墨便产生了巨大的恐怖。上述席间演说集里许多有趣的小故事都曾说到魔鬼的阴险。在这里我不得不介绍其中的一个：

“马丁·路德博士说，有一群善良的手艺匠在一起会餐。其中一个狂妄的小伙子说：如果有谁请他大喝一顿。他情愿为此卖掉自己的灵魂。

过后不久有一个人走进房间，坐在他身旁和他一道喝起酒来，这人和别人说话之间对这个胆大妄为的人说：

‘听着，你刚才是说如果有谁请你大喝一顿，你就情愿为此出卖你的灵魂吗？’

于是他又重复了一遍：是啊，我情愿那么做，只要你今天让我吃足喝够，玩个痛快就行！

这个人原来是魔鬼，他答应了他以后，便又立即悄悄地离开了他。当这个饕餮之徒高兴了一整天，并终于喝醉的时候，先前那个人也就是那个魔鬼又走进来了，他坐在他身旁，并问其它同桌的人们说：‘亲爱的先生们，你们怎么想呢，如果一个人买了一匹马，那么缰绳和马鞍不也一起是他的了吗？’这时所有的人都害起怕来。但这人最后说：

‘你们快说啊！’于是他们只好承认说：‘是啊，马鞍和缰绳也是他的了’。于是魔鬼一把抓住了这个粗野的小伙子，接着带他穿过屋顶飞走了。至于他的去向却没有人知道。”

虽然我对我们的马丁·路德大师怀着最大的尊敬，但我总觉得他似乎完全误解了撒旦的性格。像这里所说的那样，撒旦绝对不是那样看轻肉体的。人们尽可以讲魔鬼的各种坏话，但无论如何却不能指摘它是个唯灵主义者。

马丁·路德不仅误解了魔鬼的意图,他尤其是误解了罗马教皇和天主教会的意图。由于我是不偏不倚的,我必须在这个过分热诚的人面前为罗马教皇和天主教会辩护,也要为魔鬼辩护。的确,如果有人质问我的良心,那么,我将坦白承认,教皇列奥十世实际上比路德合理得多,路德对天主教会的一些根本原则完全没有理解。因为路德不理解,基督教消灭肉欲的理想和人类的本性过于矛盾,这在实际生活中永远不可能完全实现;他也不理解天主教乃是上帝和魔鬼,亦即精神和物质之间的一种妥协,通过这种妥协,在理论上宣布精神的独裁统治,同时又让物质处于这样一种地位,它在实践中可以行使被剥夺了的一切权利。这是教会对肉欲作出一些让步的聪明制度,虽然永远采取下列形式,即对任何肉欲行为都要盖上谴责的烙印,同时给精神保留了嘲讽的特权。你尽可倾听内心缠绵悱恻的爱情,拥抱一个漂亮的姑娘,但你必须承认那是一种可耻的罪恶,而且你还必须为这种罪恶赎罪。这种通过金钱来实现的赎罪,对人类是一次善举,对教会是一笔收入。这就是说,教会让人支付一笔罚款来换取各种肉体的享乐,所有的罪都有一个赎价,从此便出现了一批神职商贩,这些人以罗马教会的名义到各地兜售不同金额的赎罪券。路德最先攻击的特则尔便是这种商贩之一。我们的历史学家认为路德对赎罪券的抗议是一件无足轻重的小事,路德开始只反对教会滥用职权,只是因为罗马教廷方面的固执,他才被逼上向整个教会权威进攻的道路。但这是一种错误看法,赎罪券交易不是教会职权的滥用,而是整个教会制度的结果,路德攻击赎罪券交易,就是攻击了这个教会本身,而教会也就必须把路德判为异端。列奥十世这个温文的佛罗伦萨人,波

利提安[1]的弟子，拉斐尔的朋友，头戴三重冠的希腊哲学家，也许正因为他患了远非由于实行基督教禁欲主义而得的暗疾（这种病在那时还是十分危险的），才被教皇选定会议授予了三重冠，……这个麦迪启家的列奥，当他看到一个穷苦、纯洁、质朴的修道士竟把福音书当作基督教的宪章，并把这宪章当作一种真理的时候，他一定会觉得好笑吧！他也许完全没有注意到路德的意图，那时他十分忙于修建圣彼得教堂，而这座教堂的建筑费正是用发售赎罪券得来的钱支付的，实际上完全是罪恶在提供建筑这座教堂的资金，这样，它似乎就成了一座肉欲的纪念碑，就像埃及的一个妓女用卖淫得来的钱建立的那座金字塔一样[2]。这座教堂，比起科伦教堂，人们也许更可说它是由魔鬼建成的。北方的德国人不能理解唯灵主义迫使感觉主义亲自为其建筑华丽的神殿这种胜利，人们正是要对肉体作种种让步才能获得用来美化精神的钱财的。因为在德国，远比在那炽热的意大利的晴空下有可能奉行一种对肉欲作最少让步的基督教教义的。我们北方人的血比较冷，因此，我们无须慈父般的列奥为了肉体的罪恶给我们送来那么多的赎罪券。气候使我们容易奉行基督教的道德，1517 年 10 月 31 日，当路德把反对赎罪券的论纲钉在圣奥古斯丁教堂门上时，维滕堡的城壕大概已经结了冰，人们可以在那儿滑冰了，滑冰是一种十分寒冷的娱乐，不能说是什么罪恶。

我在上面也许不止一次地使用了唯灵主义和感觉主义两个名

① 指 Angelo Poliziano（1454—1494），意大利诗人，与麦迪启家族有交往。

② 载希罗多德（Herodot）《古代东方和希腊的历史》第二卷。

词，这两个名词在这里并不像在法国哲学家那里那样是指人类认识的两种不同泉源，我在本文中使用这两个名词的意义，从我所讲的可以看出，却是为了表明两种不同的思想方法，其中一种是力求通过毁灭物质来美化精神；另一种是试图针对精神的篡夺，要求归还物质所具有的自然权利。

路德宗教改革的全部精神在开始时就已经显示出来了，关于这点我必须在此特别促使人们注意，因为在法国人们对于宗教改革仍然抱着一些陈腐的错误观点，这些观点是由博絮埃通过他的《宗教变迁史》[①]传播开来的，它们甚而在当今的一些作家中仍有很大影响。法国人只理解宗教改革消极的一面，他们在宗教改革中只看到反对天主教的斗争，并且往往相信这个斗争在莱茵河彼岸有如在此岸的法国一样都出于同一根源。然而彼岸的根源和此岸的根源不仅完全不同，而且完全相反。在德国反对天主教的斗争乃是唯灵主义发动的一场战争，当唯灵主义看到自己只是空有统治之名，只是在法律上统治着，而感觉主义则通过历来的欺骗行使着现实的统治，并在事实上统治着的时候，这场战争就开始了；——赎罪券商贩被赶走了，教士的漂亮的情妇一变而为严肃的正妻，精美的圣母像被打碎了，各地都产生了最为敌视肉欲的清教主义。与此相反，十七和十八世纪法国反对天主教的斗争却是感觉主义发动的一场战争，当感觉主义看到自己在事实上统治着，任它统治的每一个行动都被那主张在法律上应当行使统治权的唯灵

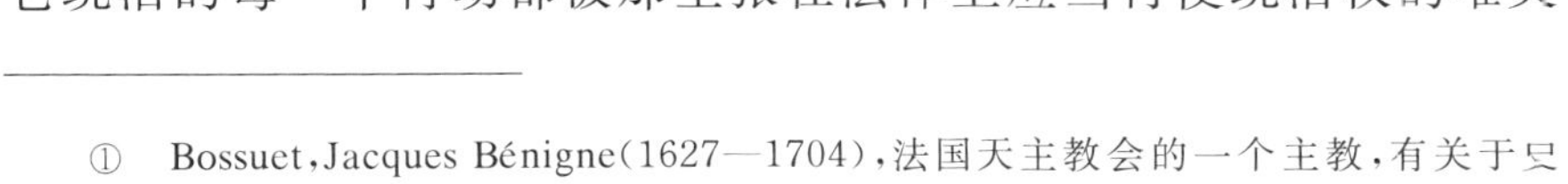

① Bossuet，Jacques Bénigne（1627—1704），法国天主教会的一个主教，有关于史学和宗教问题的著述颇丰，他在《宗教变迁史》（*Historie des variations des Églises Protesantes*）中，力图贬低新教的价值。

主义作为非法，并被谴责到极其难堪的时候，另一场战争就爆发了。人们在德国进行了认真严肃的斗争，但人们在法国却用了模棱两可的诙谐来进行斗争。人们在德国进行了神学的争论，人们在法国却创作了这种或那种轻快的讽刺诗。讽刺的对象经常在于指出一个人想完全成为精神时所陷入的自我矛盾。于是法国出现了一批精美绝伦的有关善男信女的故事，这些人若非不自觉地屈服于他们的动物本性，便是为了拯救神圣的外观，而不得不逃入伪善之中。纳瓦尔王后在她所写的小说[①]里已经描写了这种弊端。僧侣和妇女间的关系是她常用的题材。这些小说不仅使人捧腹大笑，而且也震撼了僧侣制度。在这场喜剧性的论争里，最富有战斗力的优秀作品便是莫里哀的《伪君子》；这个剧本不仅攻击了那个时代的耶稣会教团，而且攻击了基督教本身，攻击了基督教观念，攻击了唯灵主义。确实，在袒胸露臂的多琳娜面前假意惶恐说出的：

Le ciel défend, de vrai, certains contentements,
Mais on trouve avec lui des accommodements
(上天确实禁止某种享乐，
但人们有办法向它寻求妥协)[②]

① 指保护法国新教徒的纳瓦尔王后玛加丽特（Margarete de Navarre，1492—1549）的小说《七月谈》；纳瓦尔原为西班牙与法国间一个小王国，1512 年为西、法二国所瓜分，纳瓦尔王位成为一个虚号。玛加丽特是法国王弗朗西斯一世之姊，1527 年与名存实亡的纳瓦尔王亨利·达尔贝特结婚。

② 见《莫里哀喜剧选》中集，人民文学出版社 1959 年版，第 269 页。但这两句话是对欧米尔、而不是对多琳娜说的。

这两句话，不仅嘲笑了那种习见的假虔诚，而且也嘲笑了由于基督教的观念无法实践而必然发生的普遍虚伪；这两句话尤其嘲笑了唯灵主义不得不对感觉主义让步的整个制度。实际上，扬逊教派比耶稣会总要有更多的理由因《伪君子》的演出而感到受伤害，同时也无怪乎今天的卫理公会信徒就像当年的天主教信徒一样总要憎嫌莫里哀。莫里哀之所以伟大，正是因为他像阿里斯托芬和塞万提斯一样，不仅嘲笑了暂时的偶然现象，而且嘲笑了那些永远可笑的事情，亦即人类的根本弱点。伏尔泰总是只攻击暂时的、非本质的事物，在这一点上他是逊色于莫里哀的。

但那种伏尔泰式的嘲笑已经在法国完成了它的使命，如果今天还有谁想继续这种嘲笑，那就要不合时宜和不明智了。因为如果人们想消灭天主教最后可见的残余，那就会容易发生这样的情况，即天主教的理想会逃入一个新的形式，也就是一个新的躯体中去，甚至会抛掉基督教信仰的名称，而经过这样改头换面以后，它可能比现在这种破烂不堪、信用扫地的形态更为令人嫌恶。的确，唯灵主义以宗教和僧侣阶层为代表，是有它的好处的，因为宗教早已失去了它那巨大的力量，而僧侣阶层又和现代整个的自由热潮处于直接对立的地位。

然而唯灵主义究竟为什么这样使人讨厌呢？难道它是那样恶劣的东西吗？绝对不是。玫瑰香精是一种贵重物品，如果有人不得不在土耳其后宫的禁室中日日夜夜排遣他那悲叹的生活，那么一小瓶玫瑰香精是可以起提神作用的。但是，尽管玫瑰香精起着这样安慰人心的作用，我们总不愿为获得几滴玫瑰香精而蹂躏所有这些玫瑰花的生命。我们宁愿像夜莺那样，夜莺喜爱玫瑰花，它不仅陶醉于花儿的幽香，同样也陶醉于花儿娇艳的姿态。

我在上面曾经说过，在我们那里首先向天主教发动进攻的其实是唯灵主义。但只是在德国宗教改革的开始时期是如此；唯灵主义一旦在古老的教会建筑上打开了一个缺口，感觉主义随即迸发出它那长久以来被压抑的烈焰，于是德国变成了自由狂热和肉欲的最粗野的竞技场。被压迫的农民在这新出现的教义中找到了精神武器，他们已经能够用这个武器来进行一场反对贵族的战争了；一百五十年以来一直就有进行这样一场战争的意见。在蒙斯特，感觉主义化身为扬·范·莱顿①，赤身露体地穿过大街小巷，招摇过市，并和他的十二个婆娘睡在一张大床上，这张床我们今天在当地市政厅里还可以看到。修道院的大门到处都打开了，修女和小修道士互相投入对方的怀中，拥抱接吻。不错，那个时代的表面历史差不多完全是由感觉主义的暴动所构成；这些暴动为什么很少留下结果；唯灵主义怎样重新镇压了那批暴动者；唯灵主义在北方怎样逐步巩固了它的统治，但后来又遭到它在自己怀中抚育成长的一个敌人，亦即哲学，所给予的致命打击，往后我们可以看到。这是一段非常错综复杂、难于剖析的历史。天主教党不难随心所欲地突出那些最坏的动机，以他们的说法，这个运动只不过是要合法承认那最无耻的肉欲和要掠夺教会的财产。当然，为了取得胜利，精神的利益必须永远和物质的利益结成联盟。但魔鬼已把这副纸牌弄混到那么怪模怪样，我们已经没办法弄清楚那些意图的任何实际情况。

① Jan van Leiden（1509—1536），蒙斯特再洗礼派教徒起义领袖，失败被杀。

1521 年一群显贵的人物聚集在沃尔姆斯的帝国议会大厅，他们心里大都怀有各式各样口是心非的思想。那里坐着一位年轻的皇帝[①]，他身披簇新的紫袍，怀着年轻统治者的愉快心情，暗自高兴那傲慢的罗马人即经常粗暴对待帝国先代皇帝、并且始终不肯改变他那颐指气使态度的那个人，现在遭到了最强有力的谴责。那个罗马人的代表[②]在他的方面也有暗自高兴的理由，他高兴的是德国人中间发生了分裂，这些德国人像醉后的野蛮人一样，曾一再袭击和掠夺美丽的意大利，并且始终威胁着要袭击和掠夺这个国家。世俗的公侯也在高兴，有了这个新的教义，他们就可以任意侵吞教会的财产。高级的教长们心里也在琢磨，他们是否可以既不和他们的厨娘结婚又可使自己的男系子孙继承教皇选区、主教管辖区以及修道院管辖区的职务和财产。各城市的代表也为独立自主权的新的扩张而高兴。每个人都可从中得到一点东西，每个人心里想的都是尘世的利益。

不过那里毕竟有一个人，我深信他并不是为自己着想，而是一心想着他所理应代表的上帝的利益。这个人便是马丁·路德，一个由天意选中出来粉碎那罗马霸权的贫苦修道士；反抗这种霸权的斗争，一些最强有力的皇帝和一批最勇敢的贤哲早已开始，却没有取得成功。但天意却十分清楚地知道该把这项重任搁到那肩膀上；这里不仅需要精神的力量，而且也需要肉体的力量。为了肩负这项重任，必须要有一个从幼年起经过修道院的严格性与纯洁性

① 查理五世（Karl V.，1519—1556）。

② 罗马教皇所派的代表大概是卡叶丹主教（Kardinal Cajetan）。

锻炼出来的体魄。我们敬爱的大师当时身体还很瘦削,面色看来也很苍白,因此,帝国议会中那些面色红润身体肥硕的大人先生几乎是带着怜悯心瞧着这个身穿黑色僧服的可怜人。但他却是完全健康的,而且他的神经也是非常坚强的,那些精彩出色的喧嚣丝毫没有使他畏缩,再说他的肺脏也必定是很强的。因为当他发表了他那长篇的申辩以后,由于皇帝完全不懂高地德语,他竟不得不用拉丁语重说一遍。每当我想起这件事,我就要情不自禁地感到难过,因为我们敬爱的大师站在一扇敞开的窗旁,当汗水不断从他额角上直淌的时候,他要受到阵阵过堂风的袭击。他作了长篇演说以后,大概已经十分疲倦,嗓子也有点干了。不伦瑞克大公准是想到,此人现下必定口渴极了;至少我们从书中看到,他曾给马丁·路德送去了三樽艾茵贝克出产的上好啤酒到了他住的客店。我将永志不忘不伦瑞克一家这一高尚行动。

在法国,人们对宗教改革和宗教改革的英雄们的理解都是错误的。这种不理解的原因首先大概在这里,路德不仅是我国历史上最伟大的人物,同时也是一个最为德意志式的人物;在他的性格中德国人所有的一切优点和缺点完完全全地统一在一起,因而他个人也就代表了这个不可思议的德国。此外,他身上还有另一些特性,关于这些特性,我们很少看到是统一在一起的,我们通常看到它们却是作为互相敌对的对立物而存在的。他既是个富于梦想的神秘主义者,同时又是个实事求是的人物。他的思想不仅长有翅膀,而且长有双手,他不仅说了,而且也做了。他不仅是他那时代的喉舌,而且也是他那时代的刀剑。他既是个冷静的、经院式的诠释家,又是一个狂热的、神灵附体的预言家。当他整日竭尽心力地钻研了教义上的细微差别之后，夜晚时分他便拿起横笛，仰望繁星，把自己的心情消溶在旋律和祈祷之中。同是这个人，他既能像一个渔妇那样咒骂，也能像一个绰约的处子那样温柔。他有时会猛烈到像那刮倒槲树的狂风暴雨，继而又温柔得宛如那抚弄着紫罗兰的南风。他浑身充满着最令人畏惧的敬神情绪，充满对圣灵的献身精神，他能完全沉潜于纯粹的精神领域之中，然而他却又十分了解大地上一切美好的事物，并且很会珍爱这些事物，从他口中曾发出这样一句名言："谁若不爱美酒、女人和歌，他就终生是个傻瓜。"[①]我可以说：他是一个完人，一个精神和物质在其内部未曾分离的绝对的人。因此把他称为唯灵主义者或把他称为感觉主义者都将同样是错误的。我不知道怎样说才好，他曾具有某些原始的东西，某些不可理解的东西，某些不可思议的东西，有如我们在所有应天意而生的人们那里所见到的一样——某些令人战栗的素朴的东西，某些愚蠢的聪明，某些崇高的狭隘和某些不可克服的魔鬼般的东西。

路德的父亲是曼斯菲尔德的一个矿工，儿童时代的路德经常跟随父亲来到地下工地，那里积聚着巨大的金属矿石，强烈的矿泉潺潺地流着。这幼小的心灵也许在不知不觉间早已摄取了最为神秘的自然之力，或甚而受到了山中精灵们的魔法保护。也许正因为如此，他身上才粘带了那么多的大地因素，那么多的热情渣滓，有如人们尽情责备他时所说的那样。然而人们这样责备他却是不

① 这句话大概出于德国十九世纪诗人福斯（Johann Heinrich Voss，1751—1826）。

正确的，如果没有那种尘世的混合物，他或许不可能成为一个身体力行的人。纯粹的精灵是不能办事的。如我们从容格·施蒂灵(Jung-Stilling)的鬼神学中知道，鬼神固然能用适当的颜色清楚地显形，并能像活人一样走路，奔跑，跳舞和做出一切可能的姿态，但它们不会推动任何物质的东西，例如推动一张最小的卧室桌子离开它原来的地方。

荣誉归于路德！永恒的荣誉归于这位敬爱的人物，多亏他拯救了我们最高贵的财富，我们今天还靠他的善行恩德生活！我们绝不应当抱怨他的观点的局限性。站在巨人肩上的一个侏儒当然能够比这位巨人看得更远，特别是他戴上一副眼镜的时候；然而那被架高了的直观却缺乏那种崇高的感情，那种巨人的心灵，这是我们无法取得的。我们尤其不应对他的缺点轻下尖酸刻薄的断语；这些缺点比成千人的德行对我们更为有用。埃拉斯穆斯[①]的自由和梅朗赫东[②]的温和可能永远不能像兄弟马丁那种上帝般的严峻把我们引向那么遥远的地方。是的，如我前面所暗示，宗教改革开始期的错误曾经结了许多最珍贵的果实，这些果实能使全人类振奋精神。自从路德在帝国议会上否定了罗马教皇的权威并公开宣布说："人们必须用圣经里的话或用理性的论据来反驳他的教义"以后，德国开始了一个新时代。圣博尼法茨[③]把德国教会束缚于

---

① Erasmus (1466—1536)，鹿特丹人，人文主义者，宗教改革的前驱者，反对经院哲学，但对于反天主教会的斗争却不肯直接参加。

② Melanchthon，Philipp(1497—1560)，德国人文主义者，反对天主教神学，但企图在理性和基督教教义间找寻折衷的调解办法。

③ St. Bonifazius(约 675—754)，为天主教会派到日耳曼人居住地传教，被当地人所杀；被称为"德意志人的使徒"。

罗马的那条锁链被斫断了。先这个教会原是作为巨大教阶制的一个组成部分的，现在它分解成许多宗教的民主团体。这个宗教本身变成另一种宗教了；印度的诺斯替教的因素从这里消失了，我们看到，犹太教的自然神论的因素又在其中抬头了。福音主义的基督教产生了。当物质最迫切的要求不仅被考虑到了，而且也被合法化了，这个宗教就又变成了真理。像上帝的本意那样，牧师变成了人，可以娶妻生子。同时，上帝自己重又变成了一个没有家室的天上老童男；他的儿子的合法性被否定了。圣徒们被撤职了；天使们的翅膀被剪断了；圣母丧失了她对天界的王冠的一切权利要求，不能再行使奇迹。总之，从这时起，尤其是从自然科学作出了巨大的进步以后，奇迹便完蛋了。亲爱的上帝受到物理学家怀疑和严密的监视，不管是由于这点而使他感到烦恼，或许是由于他不愿意和博施可[①]竞争：甚至在最近宗教遇到极大危险的时刻，他也不想通过任何耸人视听的奇迹来支持宗教。从今以后，无论他在这个地球上倡导什么新宗教，他也许再也不让任何神圣的把戏参与其间了，他也许永远要用理性来证实这些新教义的真理，而这也正是最合理的做法。至少在圣西门主义这个最新的宗教中，并未出现任何奇迹，也许下面这个事例除外，那就是圣西门生前欠裁缝的一笔旧账，在他死后十年之久，竟由他的学生们以现金如数偿还。那位卓越的神父奥林德[②]在泰布(Taitbout)大厅里兴高采烈站起来，在惊讶不已的教徒公众面前手持那张付讫的裁缝账单，此情此景

① Bosko，19 世纪驰名欧洲的变戏法艺人。

② Olinde Rodrigue(1794—1850)，圣西门的追随者。

我历历在目。年轻的食品杂货商们对这个超自然的证件感到惶惑不解，然而裁缝们却已经开始相信了！

由于新教的关系，在我们德国虽然随着古老的奇迹一起丧失了其他许多诗意，但我们也获得了多种多样的补偿。人变得更有德行和更高尚了。新教对我们平常称为道德的东西，即习俗的纯洁性和履行义务的严格性起着良好的影响；新教在许多教区中采取的方针，使新教终于和上面所说的道德相吻合，而福音书只不过作为动人的譬喻继续发生它的效力而已。我们现在特别要来看看教牧人员生活中所发生的那种可喜的变化。禁止牧师结婚的制度废除以后，教会界人士的淫乱和修士的邪恶也随着消失了。在新教教牧人员中我们常常看到一些最有德行的人，连古代斯多噶主义者对他们也要肃然起敬。你在一所毫无虚饰的牧师住宅里能够看到多少德行——在这里，我给德行二字添加一个美丽的修饰语，也就是，多少福音主义的德行——你必须作为一个贫苦的大学生，徒步游历于德国的北部，才能真正体会到。我常常在冬天的夜晚在这种人家受到殷勤的款待，我，一个陌生人，除了饥饿和疲劳以外，没有携带任何其他介绍函件。当我吃饱睡足第二天早晨就要继续前进的时候，年老的牧师穿着寝袍走出来，为我的旅途祝了福，这种祝福从来没有给我带来过不幸；那善良的叨唠的牧师夫人还把几片抹好了黄油的面包塞在我的衣袋里，这几块面包使我大大增长精神；在静悄悄的远处，站着牧师的美丽的女儿们，她们红润的面颊和浅蓝色的眼睛，她们那种羞怯的热情，一直留在我的回忆里，在整个冬日中使我的心头温暖。

自从路德说出了人们必须用圣经本身或用理性的论据来反驳

他的教义这句话以后，人类的理性才被授予解释圣经的权利，而且它，这理性，在一切宗教的论争中才被认为是最高的裁判者。这样一来，德国产生了所谓精神自由或有如人们所说的思想自由。思想变成了一种权利，而理性的权能变得合法化了。当然，几个世纪以来，人们早已能够相当自由地思考和发表言论了，经院哲学家曾经对事物有过一些争论，他们所争论的事情，我们几乎无法理解，中世纪时人们也只能对事物这样地来发表意见。而且这是通过把神学的真理和哲学的真理区分开来才发生的，这个区分是他们用来保护自己免被控为异端；而且这种自由讨论，也只是在各大学的讲堂里用一种哥特语化了的难解的拉丁语来进行的，这种语言是人民完全不能理解的，因此也就无需害怕对教会有什么危害。尽管如此，天主教会从未实际上允许过这种做法，所以它有时也确曾把个把倒霉的经院哲学家处以火刑。但现在，自从路德以来，人们便不再把神学的真理和哲学的真理区分开来，人们在公众的市场上用德意志的民族语言毫无顾忌地进行争论。凡是承认宗教改革的诸侯，都把这种思想自由合法化了，思想自由开出的一朵重要的具有世界意义的花朵便是德国哲学。

实际上，人类精神即便在希腊也从未像在德国上世纪中叶起到法国入侵时为止那样自由地表述它自己。尤其是在普鲁士，曾有过一段无限的思想自由的极盛时期。勃兰登堡侯爵[①]理解到，他只有通过新教的原则才能作一个合法的普鲁士国王，所以也就必须保持新教的思想自由。

① 指弗里德里希二世，因普鲁士的霍亨索伦家族出自勃兰登堡。

当然，此后情况有所改变，我们新教思想自由的天然保护者，为了压制这种自由，竟和山南党人[1]妥协起来，他还常常使用最初是教廷为了反对我们而想出来并使用的武器：检查制度。

奇怪得很！我们德国人是最顽强和最聪明的民族。我们的王公族系高坐在欧洲所有的王位上，我们的罗特希尔德们控制着全球所有的交易所，我们的学者支配着一切科学领域，我们发明了火药和印刷术；——尽管如此，谁若在我们那里用手枪放一发子弹，他就要付出三塔勒的罚款，如果我们想在《汉堡通讯》上刊登这样一条启事："我的爱妻生了一个像自由那样美丽的女孩"，霍夫曼博士先生[2]就要拿起红笔来把"自由"二字划掉，

这种情况还要持续很久吗？我不知道。不过我知道，今天在德国争论得十分激烈的出版自由问题，与上述种种考察有着意义深长的联系，因此我相信，只要人们想一想，出版自由无非是思想自由的结果，从而是一项新教的权利，那么，问题的解决并不困难。为了这类权利德国人已经付出了自己宝贵的鲜血，因此他肯定会被逼到再一次奋起战斗。

这种情况同样适用于德国今天正在使思想界人士感情激动的学术自由问题。自从人们以为发现了政治性的煽动，也就是对自由的热爱，在各大学里闹得最厉害，各方人士都在怂恿君主们去压制这些机构，或者要求他们至少把这些机构改成普通的教学机构。于是人们拟制了许多计划，讨论了赞成或反对的各种意见。大学

① "山南"是阿尔卑斯山以南，指意大利，"山南党"是指罗马天主教会。

② Friedrich Ludwig Hoffmann，汉堡书报检查官员。

的公开反对者也好，它的公开的拥护者也好，据我们迄今所知，似乎都没有理解到这个问题的最后根源。前者不理解青年一代无论到哪里和在任何纪律的约束下都将为自由的利益奋不顾身，如果有人压制大学，那些慷慨激昂的青年也许会在别处和工商界的青年联合起来，更加激烈地贯彻他们的主张。但大学的拥护者们却只打算证明下列各点：德国科学研究的花朵势将与各大学同归于尽；学术自由对研究极为有用；青年借此可以找到多方面教育自己的良好机会等等。他们说这些话时就像事情或多或少只关系到几个希腊词或学生们某些粗暴无礼的行为一样。

然而假如君王宝座的神圣的安全受到威胁，那么一切科学、研究或文化对他们还能有什么价值呢！为了那绝对的财物，也就是说，为了他们绝对的统治权，他们会有足够的英勇去牺牲那些相对的财物。因为这绝对统治权是上帝托付给他们的，只要上天命令，那么地上所有的顾虑都必须退开。

无论那些作为大学代表的可怜的大学教授方面，或是以大学公开反对者而出面的政府官员方面都存在着误解。只有在德国的天主教的宣传机关理解了这个问题的意义；这些虔诚的蒙昧主义者，乃是我国大学制度最危险的敌人。他们用阴险毒辣的谎言和诡计来反对大学，即便他们中间有个别人士（如最近在慕尼黑大学礼堂里的一位大骗子）装出和善的面孔，好像愿意让各大学讲话，也还暴露出那种耶稣教团的阴谋。这些胆怯的伪善者懂得在这场赌博中会赢得什么东西。因为假如大学垮台的话，宗教改革以来一直扎根于大学中的新教教会也要站立不住。最近几个世纪全部新教教会的历史几乎也就是维滕堡、莱比锡、图炳根和哈雷大学学者们的神学论争史。各地的福音教会宗教局只不过是各大学神学系的微弱的反照罢了。神学系一旦不复存在,这些宗教局就会丧失其一切支柱和特性,并且要沦落到依附政府部门,或甚而依附警察的地步。

不过让我们还是不要过多地谈论这些令人忧伤的事,尤其是我们在此还必须论到这位应天命而生的人物,这位为德意志民族作出了如此伟大贡献的人物。我在前面已经说过,我们如何靠他才获得了最大限度的思想自由。然而这个马丁·路德却不仅给我们行动的自由,而且也给我们行动的手段,这就是说,他给精神一个肉体。他也给思想一种语言。他创造了德语。

这是由于他翻译了《圣经》而完成的。

实际上,这部书的神圣的作者似乎像我们凡人一样,认识到这部书绝不是由谁翻译都是一样的,他于是亲自挑选了它的译者并且还赋予他奇妙的力量,从一种死了的、可以说已经埋葬了的语言,译成另一种还完全没有出生的语言。

固然我们已有为人们所理解的教会公认的拉丁文《圣经》,也有已经为人们所能理解的七十人译的希腊文《旧约》,然而希伯来语的知识在基督教世界中却早已荡然无存了。只有躲在这个世界的这个或那个角落里的犹太人,还保存着这种语言的传统。像一个鬼魂守护着生前交托给它的财宝一样,这个惨遭虐杀的民族,这个民族鬼魂,在他那阴暗的犹太区里保卫着希伯来文的《圣经》;人们看到德国学者们偷偷地下到这个避难处去挖掘那宝藏,去取得希伯来语的知识。当天主教的神职人员注意到从这方面有危险威胁着自己的时候,这就是说,人民可能在这条旁径上得到上帝真实的言语并发觉罗马方面的种种捏造，这时他们就恨不得把犹太人的传统也镇压下去，于是他们便向各地出动企图消灭所有希伯来语的书籍，并在莱茵河流域开始了希伯来语书籍的搜查。为了反对这种搜查，我们卓越的罗伊希林[①]博士曾作过颇有声誉的斗争。当时在科伦活动的神学家们，特别是霍赫施脱拉腾（Hochstraaten），决不像罗伊希林勇敢的战友乌尔里希·封·胡滕[②]骑士在他的《无名人士书信集》[③]中所描写的那样思想狭隘。这是事关压制希伯来语的问题。罗伊希林获得了胜利之后，路德才能开始他的工作。当时在路德写给罗伊希林的一封信里，好像已经感觉到罗伊希林所取得的——尤其在一个受职位束缚的困难处境中所取得的——胜利是多么重要。但路德这位独立不羁的奥古斯丁教派的修士却在这封信里极其天真地说：Ego nihil timeo，quia nihil habeo.[④]

然而路德用来翻译《圣经》的语言是怎样得来的呢？这个问题到现在为止我还是不能理解。古老的史瓦比亚方言早就随着霍恩施陶芬皇帝时代的骑士文学一去不复返了。古萨克森方言，即所谓低地德语，只不过通行于德国北部一部分地区，尽管人们做了一切尝试，但从未使之成为适合文学目的的语言。假如路德用了今天在萨克森通用的语言来进行他的《圣经》翻译工作，那么，阿德隆

① Johann Reuchlin（1455—1522），德国人文主义学者。

② Ulrich von Hutten（1488—1523），德国人文主义者。

③ 发表于1515—1517年，为当时德国的一批人文主义者所写，胡滕是作者之一，对科伦的多明尼克教团的教士作了辛辣的讽刺。

④ 拉丁文：我什么也没有，所以我什么也不怕。

(Adelung)所说的,萨克森方言、尤其迈森方言就是我们原来的高地德语,也就是我们的书面语言,就会是正确的了。然而这种说法早已被人驳倒了,我在这里所以必须强调指出上述情况,因为这类错误仍在法国流行着。今天的萨克森语和西里西亚语一样,从来不曾是德国民族的一种方言;因为萨克森语和西里西亚语的产生都通过斯拉夫语言的影响。所以我坦率承认,我不知道《圣经》的路德译本所用的语言是怎样形成的。然而我却知道这部路德译的《圣经》通过新发明的印刷术,通过这种黑色艺术,以成千上万的印数散发到人民中去以后,这路德的语言在不多几年内便普及到全德意志,并被提升为共同的书面语言。这种书面语言今天仍通行于德国,并赋予这个政治上宗教上四分五裂的国家以一种语言上的统一。在一种由单一方言形成的语言里我们总感到有一种亲切感,路德的语言以其今天这样的形式,在这种亲切感上似乎有点不足,然而它那无法估计的贡献,却足以抵偿这种缺陷。何况路德译本《圣经》的语言也并不完全缺乏那种亲切感,而且这部古老的书是使我国语言不断更新的一个永恒的泉源。路德译本《圣经》中所有的成语和句式都是德语的,是作家可以一直使用下去的;而且这部书已普及于赤贫的人民手中,他们不需要什么特别的高深指导,也会用文字来发表意见了。我们这里一旦爆发政治革命,这一情况就会引起一些十分值得注目的现象。人们将到处谈论自由,而自由的语言则将是圣经的语言。

路德的文章对德语的定形化同样也有所贡献。这些文章通过论争的昂扬热情深深地激动着时代的心灵。文章的语调并不总是纯洁无瑕的。但是,宗教革命不能用香橙花来进行。粗大的木桩要有粗大的木楔。在《圣经》中，由于对眼前的上帝精神的敬畏，路德的语言总是被束缚在一种持重的态度之中。他的论战文章就不同了，他的笔锋流出的平民大众的粗豪，既使人皱眉不快，又使人感到宏伟壮丽。他的用语和形象就像印度或埃及神庙洞窟中看到的那些巨大石像，它们那种耀眼的色彩和怪诞的丑态既引起反感又具有吸引力。由于他那嶙峋诡谲的文体，这位勇敢的修士看来往往像从山顶上把各色各样语言石块投掷到敌人头上去的一个宗教上的丹东（Danton），一个山岳党演说家。

路德在斗争和苦难里，从内心中迸发出来的一些诗歌，比这些散文著作更有意义和更为出色。它们有的像长在巉岩上的花朵，有的像倾泻在波涛汹涌的海面上的莹莹闪烁的月光。路德热爱音乐，他还写过一篇关于音乐的论文，所以他的诗歌是非常和谐的。就这方面来说，“艾斯勒本的天鹅”[①]这个称号他也是当之无愧的。但是，他在许多诗歌中绝不是温和的天鹅，他在这些作品中鼓起了伙伴们的勇气，并激起了他自己的最为野性的斗志。他和他的伙伴们进入沃尔姆斯城时唱的那首斗志昂扬的歌，就是一首战歌。这首新歌的声响震颤了那古老的大教堂，惊起了阴暗的塔顶窝巢中的栖鸦。这首歌，这首宗教革命的马赛曲，直到今天仍然还有鼓舞人心的力量，我们也许就会为类似的战斗用得上这些古老的强有力的诗句：

上主是我坚固保障，

① 艾斯勒本是路德出生并逝世之地。

庄严雄峻永坚强；
上主是我安稳慈航，
助我乘风冲骇浪。
恶魔盘踞世上，
仍谋兴波作浪，
猖狂狡猾异常，
怒气欲吞万象，
世间惟他猛无双。

我若但凭自己力量，
自知断难相对抗，
幸有上帝亲选之人，
率领我们奔向前方。
如问此人为谁？
乃是万军之将，
又是万有君王，
自古万民共仰，
耶稣基督名浩荡。

魔鬼虽然环绕我身，
对我百般欺凌，
我们全不惧怕，
因我们定能得胜。
尘世之君虽猛，

不足令我心惊，
他怒，我能忍受，
日后胜负必分，
主言必使他败奔。
此言权力伟大非常，
远胜世上众君王，
圣灵恩典，为我所有，
因主耶稣在我方。
亲戚货财可舍，
渺小浮生可丧，
他虽残杀我身，
主道依然兴旺，
上主国度永久长。①

我已指出，对于新文学发展所需要的精神自由，我们应如何感谢我们的敬爱的马丁·路德博士。我已指出：他如何也为我们创造了新文学用来表情达意的语言。现在我只须再补充这样几点：他也亲自开创了这种文学；这种文学，严格地说来就是美文学，也是从路德开始的；他写的宗教歌曲就是这种文学的最早的重要作品，并且已经显示了这种文学的确定的特征。所以谁要谈论德国新文学，他就必须从路德开始，不应像一些浪漫派文人出于恶意歪曲所作的那样，从一个纽伦堡出身的市侩，名叫汉斯·萨克斯的人

① 汉译采用基督教会通行译文，但略有改动。

开始。汉斯·萨克斯是可敬的靴匠行会的一个吟游诗人，他的那种艺匠歌只是早先中世纪德国恋歌的一种愚蠢的仿作，他的戏曲只是古老的神秘剧的拙劣的翻版。这个衒学的小丑，这个战战兢兢对中世纪的自由纯朴性亦步亦趋的人，也许可以算作中古时代最后的诗人，但决不能看作新时代最初的诗人。为此并不需要更多的论证，我只需用明确的语言说明一下我们新旧文学的对比就够了。

只要让我们来观察一下路德以前盛行于世的德国文学，我们就会看到：

1.路德以前德国文学的材料，即素材，同中世纪生活本身一样，是两种异质因素，即日耳曼的民族性同印度诺斯替的所谓加特利主义的基督教的混合，它们在长期的格斗中纠缠得这样厉害，最后竟互相融合在一起了。

2.在这种旧文学中，素材的处理，或者更可以说处理的精神是浪漫主义的。人们若把那种文学的材料，把中世纪通过上述两种因素——日耳曼的民族性与加特利主义的基督教——的融合，所产生的一切现象，说成是浪漫主义的，实际上是名词的滥用。因为有如中世纪若干诗人对希腊历史和神话加以彻底的浪漫主义的处理，人们也可以把中世纪的习俗和传统表现在古典主义的形式之中。所谓"古典主义的"和"浪漫主义的"这两个名词只涉及处理的精神。如果被表现出来的东西的形式和表现出来的东西的观念完全一致，就像在希腊艺术品里那样，这种处理方式便是古典主义的；因此在希腊艺术品的这种一致性中，我们可以看到形式与观念的最大和谐。如果形式并不通过一致性来揭示这个观念，而是比喻地叫人猜测这个观念，那么，这种处理方式便是浪漫主义的。这里我宁愿使用“比喻的”而不使用“象征的”这一名词。希腊神话里有一系列神的形象，它们每一个尽管有着形式和观念的全部一致性，却仍然可以获得一个象征的意义。在希腊宗教中只有神的形象有所规定，其他一切，如神的生活或活动，则可以由诗人随心所欲地加以处理。与此相反，基督教中并没有这样确定的形象，而是有确定的事实，确定的神圣事迹和行为，人们的诗兴可以在其中赋予一个比喻的意义。有人说，荷马创造了希腊的诸神，但这是不对的，希腊诸神在以前早已有了一定的轮廓。荷马不过创造了诸神的历史罢了。中世纪的艺术家与此相反永远不敢在他们的宗教历史部分中有一星半点创造；原罪，基督降生为人，受洗礼，被钉死在十字架上等都是神圣不可侵犯的事实，不得擅自更改，不过人们的诗兴却能在其中赋予一种比喻的意义。中世纪一切艺术也都是在这种比喻的精神中加以处理的，但这种处理是浪漫主义的。所以我们可以在中世纪的文艺里看到那种神秘的普遍性；那些形象是这样模糊不清，它们的所作所为，是这样飘忽不定；其中的一切都非常朦胧，就像受到那变化无常的月光的照射一般；观念在这形式中只不过像谜语一般地被暗示着，我们在这里看到一种正好适合于唯灵主义文学的模糊不清的形式。这里不像在希腊人那里一样在形式和观念之间有着一种明如旭日的和谐；内容往往超出了所在的形式，于是形式绝望地追赶着内容，并且使我们看到那种荒唐不经的，空想的崇高性；有时形式往往凌驾于观念之上，一种支离破碎的思想在一个庞大的形式中蹒跚行进，于是我们看到了那种怪诞的滑稽剧；我们看到的几乎总是奇形怪状。

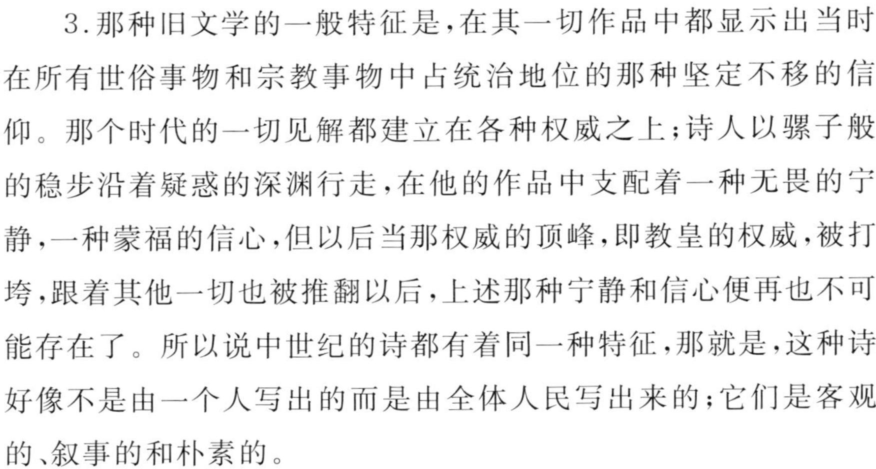

3.那种旧文学的一般特征是，在其一切作品中都显示出当时在所有世俗事物和宗教事物中占统治地位的那种坚定不移的信仰。那个时代的一切见解都建立在各种权威之上；诗人以骡子般的稳步沿着疑惑的深渊行走，在他的作品中支配着一种无畏的宁静，一种蒙福的信心，但以后当那权威的顶峰，即教皇的权威，被打垮，跟着其他一切也被推翻以后，上述那种宁静和信心便再也不可能存在了。所以说中世纪的诗都有着同一种特征，那就是，这种诗好像不是由一个人写出的而是由全体人民写出来的；它们是客观的、叙事的和朴素的。

和路德一道兴起的文学中我们看到完全相反的情况：

1.新文学所处理的材料或素材，是宗教革命的利益和观点同旧的事物秩序的斗争。由前述两种因素即日耳曼民族性和印度诺斯替教派的基督教所产生的那种混合信仰，是和新的时代精神完全抵触的；后者即新的时代精神把印度诺斯替教派的基督教看作异教的偶像崇拜，认为应该由犹太教的自然神论的福音主义的真宗教来代替这种异教的偶像崇拜。新的事物秩序正在形成；精神作出了许多促进物质幸福的发明；由于工业的繁荣，同时也由于哲学，唯灵主义在公众舆论中失去了信用；第三等级兴起了；革命已经在心坎中和头脑中轰鸣起来；凡是为时代所感到的，想到的，要求的，愿望的，都将被表达出来，这就是近代文学的素材。

2.处理的精神已不再是浪漫主义的，而是古典主义的。通过古代文学的复兴，整个欧洲弥漫着一种对希腊罗马作家的崇拜和热爱，而学者们，在当时唯一从事写作的一些人，则力图把古典的古代精神学到手，或者至少在他们的著作中去模仿古典的艺术形式。如果说他们没能像希腊人那样达到形式和观念的和谐，那么，正是因为这样，他们才越加谨严地固执于希腊人的处理方式的外表，他们依照希腊的先例，区分各种文艺作品的类别，避免任何浪漫主义的夸张。在这种意义上我们称他们是古典主义的。

3.近代文学的一般特征在于现在占优势的个性和怀疑。权威都被打垮了；现在只有理性是人类唯一的明灯，在这人生阴暗的迷途中人的良心便是他唯一的手杖。人现在单独地面对着他的造物主，并向他唱出自己的歌。所以这种文学便以宗教的歌曲开始了。不过后来，当近代文学世俗化了以后，那种内心深处的自我意识，那种人格的感觉却在这种文学里占了统治地位。现代诗已不再是客观的、叙事的和朴素的，而是主观的、抒情的和反省的了。

第　二　篇

在第一篇里我们叙述了在德国以马丁·路德为代表的伟大的宗教革命。现在我们就来谈谈从宗教革命中产生的哲学革命，是的，这次哲学革命不是别的，正是新教的最后结果。

不过在叙述这次革命如何由伊曼努尔·康德发难以前，我们必须更多地提起外国的一些哲学事件：斯宾诺莎的意义；莱布尼茨哲学的命运；这个哲学和宗教的相互关系，摩擦，争执等等。不过在这许多哲学问题中我们经常注意的是具有社会意义的一些问题，以及为了解决它们，哲学和宗教展开竞争的一些问题。

现在这就是有关上帝本性的问题。信徒们虔诚地说："上帝是一切智慧的开始和终结！"一个哲学家对自己的知识尽管很有自信，但对这种虔诚的说法却不得不表示赞同。

近代哲学之父不是通常所说的培根而是勒奈·笛卡尔，至于德国哲学在多大程度上渊源于笛卡尔，下面我们即将十分明确地予以说明。

勒奈·笛卡尔是法国人，在这里，首倡近代哲学的荣誉也应归于伟大的法国。但这伟大的法国，喧嚣、动荡而又喋喋不休的法国人的国家，却不适于哲学，哲学在这种土壤上可能永远不会繁荣起来，笛卡尔感到这点，因而迁居到荷兰[①]，这个既安静又沉默寡言、在运河里行驶着拉纤船的荷兰人的国家，在那里写下他的哲学著作。只有在荷兰，他才有可能把他的精神从传统的形式主义中解放出来，并从纯粹的思想中创立出一套完整的哲学。这种哲学正如以后每一种真正的哲学所要求的那样，既不借用信仰，也不借用经验。只有在荷兰，他才有可能沉潜到思维的深处，在自我意识的底层抓住思维；他正是通过这种思考而能在举世闻名的这个命题：Cogito，ergo sum（我思，故我在）里确认了自我意识。

除了荷兰以外恐怕没有任何地方能使笛卡尔有勇气讲述一种向过去一切传统进行最公开斗争的哲学。确立了哲学的独立自主性这个荣誉应当归于笛卡尔。从此哲学用不着到神学那里乞求进行思维的批准，它现在可以作为一种独立的科学和神学相提并论了。我在这里没有说："和神学对立"，因为当时公认这样一个原则："我们通过哲学得来的真理归根结底也就是宗教传给我们的真理。"我在前面已经说过，经院哲学家们则与此相反，他们不仅承认宗教凌驾于哲学之上的至高权力，而且当哲学一旦和宗教教义发生矛盾时就宣告哲学是一种无聊的游戏，是一种虚妄的争论。经院派哲学家们不管在任何条件下，只求说出他们的想法。他们说一乘一等于一，并且加以证明；同时又微笑着说：这是人类理性的一种错误，只要人类理性和万国基督教宗教会议的决议发生矛盾，那么，人类理性始终是错误的。一乘一等于三，这才是以圣父、圣子、和圣灵三位一体的名早已向我们启示的真理！经院哲学家们

① 笛卡尔于 1628 年迁居荷兰。

暗中形成了一个敌视教会的反对派。但他们在表面上又伪装得非常驯服,他们甚至在许多情况下为教会而斗争,当教会举行宗教仪式时,他们也昂首阔步于教会的队伍之中,活像法兰西反对党议员参加王朝复辟的种种庆祝典礼一样。

经院派的这种滑稽剧延续了六个世纪以上并且越来越变得无聊起来。笛卡尔破坏了经院主义的同时,也就破坏了中世纪这个过时的反对派。旧扫帚,由于使用年代长久,不仅秃得不堪使用,而且还黏附了过多的尘垢。新时代则需要新扫帚。每一次革命之后都必须解散以前的反对派;否则就要生出许多蠢事来。这是我们亲身体验过的。当时率先反对笛卡尔哲学的不是天主教会,而是经院派这批落伍分子即教会的旧反对派。罗马教皇于1663年才下令禁止笛卡尔哲学。

我应该假设法国人对于他们本国伟大哲学家笛卡尔的哲学有充分的认识,我用不着在这里说明,那两个互相对立的学说怎样从笛卡尔哲学中借用了必要的材料。我在这里所说的两个对立的学说是指唯心主义和唯物主义而言。

人们,尤其在法国,把这两种学说称为唯灵主义和感觉主义,可是我却在另外的意义上使用了唯灵主义和感觉主义这两个名称。为了避免概念混淆起见,必须详细谈谈上面两个名称。

自远古以来,关于人类思维的性质,亦即关于精神的认识的最后根源,关于观念的发生就存在着两种相反的见解。一种见解主张我们的观念只能从外界得到,我们的精神只是一个空的容器,那些由感官吸收进来的种种直观在其中消化的情况,大致就像被吃到胃里的食品一样。如果使用一个易懂的比喻:那就是说,这些人把我们的精神看成一块 tabula rasa(干净的板),以后经验每天按照一定的书写规律把某些新鲜的事物写在上面。

另外一种相反的见解主张:观念是人们生来就有的,人类的精神是种种观念的本源,而外界,经验和进行媒介的感官只不过使我们认识到在我们精神里早已存在的东西,它们只不过唤起睡在那里的种种观念。

第一种见解被称为感觉主义,有时也往往被叫作经验主义;另外一种见解被称为唯灵主义,有时也往往被叫作唯理主义。然而这却容易产生一种误解,因为在前一卷书中我已经谈到,这两个名称若干年来也被用来表明一切生活现象中都通用的两种社会体系。所以让我们用唯灵主义这个名称来指那种精神的不法越权,这种精神一面努力追求独占的颂扬,一面试图践踏物质,或至少去侮辱物质;同时我们用感觉主义这个名词来指那个反对派,它猛烈地反对前述的体系,企图恢复物质,并替感官要求恢复其不容让渡的权力。与此相应,我宁可把唯心主义和唯物主义这两个名称给予有关人类认识性质的哲学见解。对于把观念说成是与生俱来的、观念先于经验的学说,我把它叫作唯心主义。对于通过经验,通过感官才产生精神认识,观念后于经验的学说我把它叫作唯物主义。

笛卡尔哲学中唯心主义的一面在法国从未交到好运,这种情况是意义深长的。一些有名的扬逊教派分子曾暂时追随过这个方向,但他们很快就迷失在基督教唯灵主义之中。可能正是由于以上的情况,才使得唯心主义在法国丧失了信誉。人民为了完成自己的使命,本能地预感到他们需要些什么。法国人已经走上十八世纪末年即将爆发的政治革命的道路，为此他们需要一把刑斧和一种同样冷静而锐利的唯物主义哲学。基督教唯灵主义站入法国人民敌人的行列，因此感觉主义便成了人民的天然的同盟者。由于法国的感觉主义者通常是唯物主义者，于是就产生了一种误解，以为感觉主义只起源于唯物主义。其实不然，感觉主义也可以同样作为泛神论的结果而盛行于世，这时它的现象是美丽的和出色的。然而我们绝对不想否认法国唯物主义的功绩。法国唯物主义对过去的祸害是一副很好的解毒剂，是对绝望的病症使用的绝望的医疗手段，是对一个被感染的民族使用的水银制剂[①]。法国哲学家们以约翰·洛克为师。洛克正是法国哲学家们所需要的救主。洛克的《人类理解论》是法国哲学家的福音书；他们对此坚信不疑。洛克曾经作过笛卡尔的学生，他从笛卡尔那里学到了一个英国人所能学到的一切。如：力学、化学、结合、构造和计算。只有一点洛克未能理解，那就是天赋观念。所以，他完成了这样一种学说：我们的认识是通过经验从外界获得的。他把人的精神比作一种计算机，整个人变成了一架英国机器。这也适用于洛克的学生们所构造的人；尽管他们自己想通过各种不同的名称互相有所区别。他们都对他们的最高原理的最后种种结论有所恐惧，孔狄亚克的追随者遇到别人把他和一个爱尔维修的追随者，或甚而和一个霍尔巴赫的追随者，乃至最后和一个拉美特利的追随者划归一类的时候，总要惊惶失措起来。但这种事却是必然要发生的，因此，我也不妨把十八世纪法国哲学家和今天追随他们的人毫无例

① 指当时治疗梅毒的特效药。

外地统称为唯物主义者。《人是机器》是法国哲学最为彻底的著作，仅是这个标题就已经表明了他们全部世界观的结论。

这些唯物主义者大多数也是自然神论的支持者，因为一台机器是以一个机械设计师为前提的，而人这台机器对自己的构造，以及对这样一位技师的其他作品能够作为技术知识加以认识和珍惜，是因为它这台机器具有最高的完美性。

唯物主义在法国完成了它的使命。大概现在它也会在英国完成同样的工作，在英国，革命的各党派，尤其是那些宣传功利的边沁主义者便是以洛克的学说为基础的。他们都是些掌握了正确的手段，足以使约翰牛[①]行动起来的伟大人物。约翰牛是天生的唯物主义者，而他的基督教的唯灵主义多半是一种传统的虚伪或者是一种追求物质利益的浅见，他的肉体因为没有精神来帮助，所以显得没有生气。德国的情况与此不同，德国革命家如果以为一种唯物主义哲学对他们的革命有利，那就是想错了。在德国只要革命的原理不是从一种更为民族的更为宗教的和更为德国的哲学中引导出来，并且受到这种哲学的权力所支配，那就不可能有任何一一种普遍性的革命。这是一种什么样的哲学呢？在后面我们要坦率地谈论它。我说要坦率地谈，是因为我估计德国人也要读这本书。

德国自古以来就显示出一种反对唯物主义的倾向，因此在这一个半世纪中成了唯心主义的真正舞台。德国人也以笛卡尔为师了，他的第一个大弟子就是哥特弗利德·威廉·莱布尼茨。有如

① John Bull，英国人的绰号。

洛克继承了老师的唯物主义倾向，莱布尼茨继承了老师的唯心主义倾向。我们在这里最清楚地看到天赋观念这一学说。莱布尼茨在他的著作《人类理解新论》[①]中驳斥了洛克。自从莱布尼茨以来，在德国人中间掀起了一个巨大的研究哲学的热潮。他唤起了人们的精神，并且把它引向新的道路。由于赋予莱布尼茨著作以生气的内在温和性和宗教气息，即便反对他的人也或多或少对这些著作中的大胆思想表示了一定程度的宽容；因此，他的著作的影响是很大的。这个思想家的勇气表现在他的单子论里面，单子论是从一个哲学家头脑中想出来的一个最引人注目的假设。同时这个假设也是莱布尼茨所提供的最好的东西，因为，对于现代哲学所知道的一些最重要的规律的认识，在这里已经露出了曙光。单子论也许只是今天自然哲学家用较好的公式所表述出来的规律的笨拙的表述。在这里我本来应当只说“公式”而不用“规律”二字；因为牛顿说得完全对，他说：在自然界里本来没有我们称为规律的东西，而那些帮助我们的理解力去说明自然界中一系列现象的东西只是一些公式。在德国，在莱布尼茨的所有作品中人们议论得最多的是他的《神正论》[②]，然而这却是他最不重要的作品。这本书，如其他一些表达莱布尼茨宗教精神的著作一样，曾给他招致了很多恶毒的诽谤和不愉快的误解。他的敌人责骂他是个头脑昏庸的懒汉；为他辩护的他的朋友们，则把他变成了一个狡猾的伪善者。莱布尼茨的性格一直是我们长期争论不休的对象。最公平的人也

---

① 莱布尼茨此书于1740年写成，但在哲学家逝世后于1765年才问世。

② 此书于1710年出版。

不能给他开脱模棱两可的责难。自由主义者和启蒙主义者把他侮辱得最厉害。他们怎能原谅一个替三位一体、地狱永劫的惩罚甚或为基督的神性作辩护的哲学家呢？他们的宽容是达不到那样的程度的。不过莱布尼茨既不是个蠢货，也不是个坏蛋，站在他那和谐的高处，他能恰如其分地为整个基督教辩解。我说：整个基督教，因为他是反对半个基督教而为整个基督教辩解的。他把正统派的彻底性和反对派的缺陷作了对比。他从未作更多希冀。然后他便站在那个不偏不倚之点上去，在那里，不同的体系只是同一真理的不同方面罢了。后来谢林也承认了这个不偏不倚之点，黑格尔还给这个点提供了科学根据，把它看作是诸体系中的一个体系。莱布尼茨还想用同样方式来调和柏拉图和亚里士多德。这个课题以后在我国也常常出现。但这个课题是否解决了呢？

没有，确实没有！因为这个任务正是要调和唯心主义和唯物主义的斗争。柏拉图是一个彻底的唯心主义者，他只承认天赋的或者可以说是与生俱来的诸观念，也就是说，人带着各种观念生到世界上来，如果他意识到这些观念，那么这些观念就像一种出于前世的记忆一样呈现在他的眼前。由此也就产生了柏拉图思想中模糊的地方和神秘的地方，他总是进行着比较清晰的或比较模糊的回忆。与此相反，在亚里士多德那里一切都是清楚的、鲜明的和确实的；因为他的认识在他内部显示时并不用前世的关系，他从经验中吸取一切，并且能够对一切进行最为确切的分类。所以他始终是一切经验论者的楷模；由于上帝曾使亚里士多德当了亚历山大的老师；由于亚里士多德通过亚历山大多次的征战，获得了许多促进科学发展的机会；以及由于这位战无不胜的学生给了老师许多金钱用来实现研究动物学的目的[①]，经验主义者不知该怎么感谢上帝才好。这位年老的教师诚实地使用了这笔款，他解剖了相当多的哺乳动物，剥制了许多飞禽并且进行了各种极其重要的观察；然而可惜的是，他却忽略了研究那个就在他眼前，由他亲自培养起来的、最伟大的野兽，而这却是比当时全世界的动物园更值得注目的。实际上关于那位年轻的国王的性质他没有留给我们任何报道，他的生活和行动始终像奇迹和谜语一样使我们哑然吃惊。亚历山大是什么人呢？他想干什么呢？他是一个狂人呢？还是一个神呢？到现在我们还是不知道。不过关于巴比伦的长尾猴、印度的鹦鹉和希腊的悲剧，亚里士多德却给了我们更为详细的知识；他对这些东西作了同样的解剖。

柏拉图和亚里士多德！这不仅是两种体系而且也是两种不同人性的典型，他们自远古以来，就披着各种不同的外衣，或多或少地互相敌对着。特别是经过整个中世纪，一直到今天为止，斗争还是这样进行着，而这场斗争也是基督教教会史的最根本的内容。即使在另外一种名义下，问题总还是关系到柏拉图和亚里士多德。狂信的、神秘的、柏拉图式性质的人们从他们的内心深处显示出基督教的观念以及其相应的象征。实践的、善于整理的、亚里士多德性质的人们从这些观念和象征中建立起一种牢固的体系，一种教义和一个教派。教会终于包容了这两种性质的人们，一派大多盘踞在教士阶层中，另一派则大多盘踞在修道院中，但他们互相之间却进行着不断的斗争。在新教教会中也有同样的斗争，这就是虔

① 亚里士多德曾写过一本动物学的书。

诚派和正统派的纷争。这在某种形式上类似天主教的神秘主义者同教条主义者的纷争。新教的虔诚派是没有想象力的神秘主义者,而新教的正统派则是没有灵魂的教条主义者。

我们见到这两个新教的派别在莱布尼茨所处的时代里进行了激烈的斗争,以及莱布尼茨哲学以后为这场斗争进行了调解的情况。这事发生在克利斯提安·伏尔夫掌握了莱布尼茨哲学,使它适应了时代需要的时期,以及更重要的是,伏尔夫使用德语阐述这种哲学的时期。然而在我们进一步谈到莱布尼茨的学生伏尔夫,谈到他努力的成果,以及谈到路德教派日后的命运以前,我们还必须论及一位依照天意降生的人,这人曾同洛克和莱布尼茨一起在笛卡尔那里受过教育,并且长时期受尽了世人的侮辱和憎恨,尽管这样在我们当代他已上升到唯一的精神统治者的地位了。

我说的是别涅狄克特·斯宾诺莎。

一个伟大的天才靠另外一个伟大的天才来教育自己。这与其说是通过同化,还不如说更多地是通过摩擦。一颗钻石磨光另外一颗钻石。因此,笛卡尔的哲学决不是创造了斯宾诺莎的哲学,而只是促进了斯宾诺莎的哲学。首先我们在这位学生那里看到老师的方法,这是一个巨大的胜利。然后我们在斯宾诺莎那里像在笛卡尔那里一样,看到从数学借来的论证法,这是一个巨大的缺点。数学的形式给了斯宾诺莎一个晦涩的外表,但这又有点像巴旦杏核的涩皮;正是因为这样,其中的果仁才越发味美。读斯宾诺莎的著作时我们会产生一种感觉,好像看到了一个在静态中生气蓬勃的大自然:参天的思想树林,枝头开满了鲜花,在不断地摇摆着;但那无法动摇的树干却深深地扎根在永恒的土壤里。在斯宾诺莎的著作中有一种难以说明的气息。人们仿佛感到一阵阵属于未来的微风。大概希伯来的预言家们的精神现在还残留在他们这个后裔的心中。他心中有一种真诚,一种自觉的骄傲,一种思想的威严,这好像是从祖先承继下来的一份遗产:因为斯宾诺莎出身于一个殉道者的家庭,而这个家庭当时是被那些笃信天主教的君主从西班牙驱逐出境的。此外他还有荷兰人的坚忍性格,这一点在他的生活以及著作中是从来不能否定的。

斯宾诺莎的生涯没有丝毫可非议的地方,这是可以肯定的。它纯洁、无疵,就像他那成了神的表兄耶稣基督的生涯。而且有如基督,他也曾为了自己的学说而受苦,并像基督那样戴上了荆冠。一个伟大的精神人物不管在哪里说出他的思想,那里便会成为他的各各他[①]。

亲爱的读者,如果有一天你到了阿姆斯特丹,那么,你就让向导带你去看看那座西班牙式的犹太教堂吧。那是一座华丽的建筑,屋顶安在四根大柱上,中央有一个讲台,摩西律法的轻蔑者,希达勒哥·顿·别涅狄克特·德·斯宾诺莎的逐出教门罪便是在这里被宣布的。这时吹响一种名叫"绍法"的山羊角。每逢吹响这个号角总有一桩可怕的事件发生。因为有一次我在扎洛蒙·迈蒙(Salomon Maimon)传记中偶尔读到下述一段记载。有一次,阿勒托纳的拉比,企图使已经成了康德学生的迈蒙重新回到旧日的信仰。但这个迈蒙却顽强地坚持他那哲学的异端思想。于是拉比便把"绍法"指给他看,并用阴森可怕的话威吓他说:"你知道这是

① Golgatha,意为髑髅地,耶稣受刑之地。

什么吗?”但这位康德的学生却十分镇静地回答说:“这是一个山羊角!”拉比听了这句离经叛道的答复竟惊愕得仰天倒在地上。

这个号角宣布了斯宾诺莎被逐出教门,他被人庄严地逐出了以色列人的团体并且被宣告从此之后没有资格再持有犹太人的称号。他的基督教方面的敌人倒是足够宽大让他继续保存这个称号。上帝的本质是我们只论及那两种能够认识的属性。不过我们所谓上帝的诸属性,归根到底都只是我们的直观的不同形式,而这些不同的形式在这个绝对的实体中却是同一的。总之思想不过是看不见的广延,而广延不过是看得见的思想。在这里我们遇到了德国同一哲学的基本命题。这个同一哲学的本质和斯宾诺莎的学说根本没有什么不同。谢林先生虽然极力反对这种看法,并主张他的哲学同斯宾诺莎主义不一样;更进而认为他的哲学是“理想和现实之间的活泼的渗透”;认为他的哲学不同于斯宾诺莎的哲学,“犹如完善的希腊雕像之于呆板的埃及原作一样”①。尽管如此,但我必须最为确切地说,谢林先生的早期,当他还是一个哲学家的时候,和斯宾诺莎没有丝毫不同。不过谢林是通过不同的道路到达了这同一的哲学的。关于这个问题我要在后面再作说明,那时我将谈到康德如何开辟一条新道路,费希特如何继承康德,谢林又如何踏着费希特的足迹继续前进,并在自然哲学幽黯的森林中彷徨徘徊之后终于面对面地伫立在斯宾诺莎的巨像之前。

这个新的自然哲学只不过有下面一点功绩,就是它最尖锐地证明了精神和物质之间的永远平行性。我在这里使用的精神和物

① 参阅谢林《关于人的自由的本质及其对象的哲学讨论》(1809)。

质同斯宾诺莎的思维和广延是同一个意思，大致上和德国自然哲学所谓精神和自然，或者理想和现实有着相同的意义。

下面我想较多地使用泛神论这一名称来表示斯宾诺莎的直观方法，较少地用这个名称来表示他的体系。不亚于自然神论，泛神论也承认上帝的统一性。不过泛神论者的上帝就在这个世界里存在着。他并不以他的神性渗透着世界，有如圣·奥古斯丁试图解释的那样。圣·奥古斯丁把上帝比作一个大潮，把世界比作一块大海绵，海绵躺在湖水中央，吸收着神性；不，这个世界不仅浸透了上帝，孕育着上帝，而且它和上帝还是同一的。被斯宾诺莎称为实体，被德国古典哲学称为绝对者的上帝，“是存在在那里的一切”。他既是物质又是精神，这两者是同等神圣的，一个污蔑神圣物质的人和一个亵渎神圣精神的人同样有罪。

泛神论者的上帝和自然神论者的上帝的区别，在于泛神论者的上帝就在这个世界里存在着，而自然神论者的上帝是在这个世界之外，或者，同样可以说成是在这个世界之上。自然神论者的上帝由上而下地统治世界，就像统治一个和与他分离的分支机构一样。在自然神论者之间，只在有关统治的方式上有意见分歧。希伯来人认为上帝是个暴跳如雷的专制君王；基督教徒把上帝当作慈父；而卢梭的弟子们，整个日内瓦学派，则认为上帝是一位聪明的创世的技师，而创世大致就像他们的父兄制造钟表一样。他们作为懂得艺术的人那样赞赏这个作品的同时，也颂扬那天上的大师。

所以对承认世界之外或世界之上有上帝的自然神论者来说，只有精神是神圣的，因为他们把精神看成上帝的气息，看成造物主向他亲手用黏土捏成的作品，即人体中吹进去的气息。所以犹太人把肉体看作是某种劣等的东西，看作是圣灵、神圣气息或精神的可怜的躯壳。他们只对精神献上他们的关心、畏敬和崇拜。因而他们变成了一个地道的精神的民族，他们纯洁、知足、诚实、抽象、顽强、有殉教精神，他们中间一枝最崇高的花朵便是耶稣基督。这人是犹太人，自然神论的禁卫军，却是严酷无情的，人们会让你看到阿姆斯特丹西班牙式的犹太教堂前的广场，他们在这里曾用长剑行刺过斯宾诺莎。

我不得不特别促使人注意一下这个人物的个人不幸。把他教育成人的不仅是学校而且还有生活。这点使他和一切哲学家们有所区别，并且在他的著作中我们可以看出生活的间接影响。神学对他不单纯是一种学问。政治对他也是如此。他在实践中认识了政治。他的情人的父亲由于政治上的罪名在尼德兰被处绞刑。无论在世界哪里受绞刑也没有比在尼德兰更倒霉的了。你简直无法想象在行刑之前要进行多少准备工作和举行多少仪式。长时间的等待使罪犯厌倦得要死，而旁观者却有了足够的余暇来进行思考。所以我确信别涅狄克特·斯宾诺莎对老人范·恩德的被处决是想得很多的。有如他以前由于宗教的长剑而理解了宗教一样，现在他又因政治的绞索而理解了政治。关于这一点从他的《政治论》这部著作中可以看出。

我只想强调一下哲学家们或多或少互为亲属的那种方式与方法。我只指出他们的有关程度和继承关系。笛卡尔的第三个弟子，斯宾诺莎的哲学，如在主要著作《伦理学》中所述，距离他的师兄洛克的唯物主义，就像距离他的另一位师兄莱布尼茨的唯心主义一样远。斯宾诺莎对于人类认识的最后根源这一问题并没有煞费苦心地去进行分析。他给了我们一个伟大的综合，也就是他的关于神性的证明。

斯宾诺莎教导说：只有一个实体，那就是上帝。这一实体是无限的，也是绝对的。一切有限的实体都从这一实体衍生出来，都被包含在这一实体之中，并于其中浮上来沉下去。这些有限的实体只有相对的，暂时的，偶然的存在。绝对的实体既在无限思维的形式下，也在无限广延的形式下向我们显示它自己。无限的思维和无限的广延这二者是这个绝对实体的两种属性；但这个绝对的实体也许还有为我们所不知道的更多的属性。Non dico，me deum omnino cognoscere，sed me quaedam ejus attributa，non autem omnia，neque maximam intelligere partem.（我并不是说我能完全认识上帝，不过我能认识上帝的某些属性，当然不是一切属性，也不是大部分属性。）

只有缺乏理解和心怀恶意的人才会把“无神论的”这个形容词强加到这种学说上去。迄今为止还没有一个人比斯宾诺莎在阐述神性时作得更为庄严。与其说他否定上帝，倒不如说他否定人类。在他心目中一切有限的事物只是这个无限实体的种种样态。一切有限事物都被包容在上帝之中，人的精神只是这个无限思维的一束光线，人的肉体只是这个无限广延的一个原子；上帝是精神和肉体这二者的无限的原因，是 natura naturans（能创造的自然）。

伏尔泰在给杜·得芳（Du Deffant）夫人的一封信里十分高兴地提到这位夫人的一个想法。这想法说：人类无论怎样也不可能知道的事物，知道了也必将无用于人类。这种提法我想也可以适用于我在前面用斯宾诺莎的原句所介绍的他的那个命题；按此，神性不仅具有思维和广延这两种能够认识的属性，而且可能还具有其他为我们所不能认识的属性。而凡是我们不能认识的东西对我们就没有价值，至少从社会的立场来看没有什么价值，这种立场要求精神中的可认识者都必须带有肉体的形象。所以我们在说明基督是个不折不扣的化为肉身的精神，而且，说他是由一个童贞女通过圣灵受胎而降生的那个美丽的传说也是颇有深刻意义的。

然而犹太人只不过轻视了肉体，基督教徒则在这条路上走得更远了，他们把肉体看作是某种应当加以斥责的东西，是某种邪恶的东西，甚至是祸害。所以在基督诞生数百年以后，我们又看到了一种使人类不断惊异，并迫使后世子孙惊叹不已的宗教应运而生。这确实是一个伟大、神圣、充满无限幸福的宗教，它曾想在大地上给精神夺取绝对的统治权，——然而这种宗教对大地来说，却同样过于高贵，过于纯洁，和过于善良了，所以它的理想只能在理论上加以宣讲，而从来不能在实际上付诸实践。实行基督教理想的尝试给历史带来了无数辉煌的现象，对此一切时代的诗人仍将长期加以歌颂和谈论。正如我们最后见到的那样，实行基督教理想的尝试都遭到了可悲的失败，这种不幸的尝试曾使人类付出了无法估计的牺牲，而这种牺牲的悲惨后果就是今天我们全欧洲不幸的社会状态。如果我们像许多人相信的那样还生活在人类的青年时代，那么基督教可以说是人类的最为偏激的大学生思想，它给人类感情的荣誉远比给予人类理智为多。基督教把物质即尘世的东西交给了皇帝和他的犹太仆从，自己则以否定皇帝的最高权力，并在公众舆论中侮辱犹太人为满足；——但，请看！结局，还是可恨的

宝剑和可卑的金钱获得了最高的权力，从而精神的代表们不得不同皇帝及其犹太人进行妥协。不仅如此，甚而从这种妥协中产生了一种坚固的同盟。不仅罗马的，就连英国的或普鲁士的，一言以蔽之，一切享有特权的僧侣们也都和皇帝及其党羽结成同盟来压迫各国的人民。但通过这个同盟，唯灵主义的宗教却更加迅速地没落下去。有些教士看到这种趋势，为了挽救这种宗教而装出一副好像放弃了这个腐败同盟的神情，跑到我们的行列中来[①]，他们戴上红帽子，他们发誓要以死和恨来对待所有的帝王，那七个吸血的恶鬼；他们要求平分世上的财产；他们在咒骂方面作得并不亚于马拉和罗伯斯比尔。——在我们之间说说也不妨：假如你们仔细地观察他们，你们就会发现，他们用雅各宾主义的词句诵弥撒，并且正如他们过去把毒药混在圣饼里去毒害皇帝一样，现在他们想用革命的毒药裹起来的圣饼来毒害人民；因为他们知道我们喜爱这样的一种毒药。

不过你们的一切努力都将成为泡影。人类对圣饼已经感到厌倦，他们渴望着有营养的食物，渴望着真正的面包和美味的肉食。人类以怜悯的心情哂笑着那个费尽心血也无法实现的青年时代的理想；现在他们已经成人，并讲求实践了。现在人类热衷于世俗的功利制度，他们认真地考虑市民的福利设施，合理的生计和老年的平安。这样，确实再也谈不到把宝剑交给皇帝，把钱囊交给他的仆从那一套了。侍臣所享有的特权荣誉已被剥夺，实业界过去所蒙

① 海涅意指拉梅耐（Félicité Robert de Lamennais，1782—1854）为首的反动的、基督教的假社会主义者。

的耻辱已被消除。当前的任务是:恢复元气;因为我们觉得我们的四肢还很软弱。中世纪的神圣的吸血鬼把我们生命的血液吸吮得太多了。那么,人们应该屠宰更多赎罪的牺牲去供献给物质,以便用这些牺牲来补偿过去的侮辱。如果举办一些庆祝会,对物质更多作一些特殊赔罪,那甚而将是得计的。因为基督教无法消灭物质,所以它曾到处污蔑物质,贬低那些最高贵的享乐。以致使得感官不得不行伪善,并从而产生虚伪和罪恶。我们必须使我们的妇女穿上新衣和获得新思想;像经过了鼠疫之后一样,我们必须把我们的一切感情进行一次彻底的熏蒸消毒。

我们的一切新制度的第一个目的就是要恢复物质的权利,使物质重新得到它的尊严,在道德上被承认,在宗教上被视为神圣,并和精神和好如初。神我(Purusa)将再次和自性(Prakriti)结为一体[①]。印度神话中曾如此意味深长地说过:正是由于强迫拆散了它们二者,才产生了世界大分裂,也就是邪恶。

现在你们知道,世界上什么是邪恶了吗?唯灵主义者们常常责备我们,说在泛神论的观点中善恶的区别会要消失。其实所谓邪恶一方面只是他们自己世界观的一种迷妄;另一方面是他们自己世界机构的一种现实的产物。按照他们的世界观来讲,物质本身就是恶,但这确实是一种诽谤,是一种可怕的渎神。只有当物质必须秘密图谋反对精神的篡夺时,当精神侮辱物质,以及物质出于自我轻蔑而卖身时,或者当物质以绝望的仇恨向精神报复时,它才

① “神我”和“自性”,印度神话中的两个主要概念,前者有“精神”、“我”、“人”等意思;后者有“自然”、“物质”等意思。这里使用的译名是佛经中的旧译法。

变成邪恶的，由此可见所谓邪恶只不过是唯灵主义世界体系的一种结果。

上帝和世界是同一的。他在没有意识、过着一种宇宙磁性生活的植物中显示他自己。他在动物中显示他自己；动物则在感性的梦幻生活中或多或少地感到一种模糊的存在。但最出色的是他在人类中显示他自己。人类能感觉又能思维。人类晓得把自己作为个别的东西从客观的自然中区别开来，而且在自己的理性中已经具有那些在现象世界中向人类显示自己的观念。在人类中神性变成了自我意识，而这种自我意识又重新通过人类来显示神性。然而这种事情并不发生在个别人之中，也不通过个别的人，而是发生在全体人类之中并通过全体人类来进行的；所以每一个人只不过理解和表达神性宇宙的一部分，然而一切人类总合起来就在观念中和在实在中理解和表达整个神性宇宙。也许每个民族都有下面这些使命，即认识和表明那神性宇宙的一个特定部分，理解一系列现象并把一系列观念变成现象，以及把这一结果传递给具有同样使命的民族。所以上帝是世界史的主角，世界史是他的经常的思维，他的经常的行动，他的语言，他的事迹；因此关于整个人类，人们有权利说：人类是上帝的化身！

如果说泛神论这种宗教会引导人们走向漠不关心，那么，这是一种错误的见解。相反，如果人类意识到自己的神性，那也就会鼓舞他们自己来表现神性，到了这时候，真正英雄主义的真正伟大事迹才能使荣耀归于这个世界。

建立在法国唯物主义原理之上的政治革命在泛神论者中间找不到什么敌人，而是找到一些助手，这些助手是从一个更深的源泉，从一种宗教的综合中汲取自己的信念的。我们促进物质的幸福，各民族物质的幸福不是由于我们像唯物主义者那样忽视精神，而是因为我们知道人类的神性也表现在他的肉体现象之中，贫困会破坏或贬低作为上帝的肖像的肉体，精神也会因此同样委颓下去。圣尤斯特说过的那句伟大的革命的话：Le pain est le droit du peuple（面包是人民的权利），在我们这里要说成：Le pain est le droit divin de l'homme（面包是人类的神圣权利）。我们不为人民的人权而斗争，而是为人类的这个神圣权利而斗争。在这点上以及在其他许多问题上我们和那些革命的人们不同。我们不想做无裤党人，也不想做锱铢必较的市民，也不想当人人可当的议会议长；我们主张建立一个同等光荣、同等神圣、同等幸福的众神的民主。你们所要的是朴素的衣服，生活有度的习惯和不加调料的食品；我们所要的是美酒佳肴，紫罗袍，珍贵香料，富丽堂皇和纵情欢乐，喧笑的水仙舞，音乐和喜剧。——有德的共和党员们，请你们不要为此而生气！针对你们像检查官一般的谴责，我们要借莎士比亚剧中的一个小丑已经说过的话来答复你们："你认为你是有德行的，所以在这个世界上就不该再有好吃的点心和甘美的葡萄酒了吗？"[①]

圣西门主义者多少理解这种方式，并且也想要这种方式。但他们站在不利的立场上，周围的唯物主义至少暂时把他们压制下去了。他们在德国受到较高的评价。因为德国是泛神论最繁荣的土地；泛神论是我国最伟大的思想家们和最优秀的艺术家们的宗

① 莎士比亚：《第十二夜》第二幕、第三场。

教。有如我在后面即将叙述的那样，自然神论在德国早已在理论上被推翻了。它在那里像其他许多事物一样，没有什么理性的根据可言，只是残存在没有思想的群众中间。谁也不说，但谁都知道；泛神论在德国是一个公开的秘密。事实上我们在成长的过程中，已经超出了自然神论的范围。我们是自由的，我们不要任何暴跳如雷的专制君王。我们成年了，并不需要什么慈父般的关怀。我们也不是一个伟大的机械师的什么制品。自然神论是仆从、儿童、日内瓦人和钟表匠所需的宗教。

泛神论是德国的隐蔽的宗教。这一情况之将要出现，早已被五十年前竭力反对斯宾诺莎的那些德国著述家们预见到了。斯宾诺莎的最猖狂的敌人是弗里德里希·亨利希·雅科比[①]，人们有时授予他这样的荣誉，竟把他称为一名德国哲学家。其实他只不过是一个爱口角的伪善者，他披了哲学的外衣，偷偷地混进哲学家的行列，起初向他们诉说他的爱，和他那柔软的心肠，然后便对准理性大肆进行诽谤。他一再重复演唱的老调始终不外乎：哲学，通过理性的认识，只是妄想，理性本身也不知道自己到那里去；它会把人们带到错误和矛盾的黑暗迷宫里去，只有信仰才能正确地引领人们。这个土拨鼠！他看不见理性像那永恒的太阳，当它高高在天空稳步前进的时候，用自己的光明照耀着自己的道路。针对伟大的斯宾诺莎，渺小的雅科比的那种虔诚的、亲热的憎恨是没有东西可以用来作比的。

① Friedrich Heinrich Jacobi(1743—1819)，在他的作品中有《致孟德尔逊的书信论斯宾诺莎的学说》和《驳孟德尔逊对他的论斯宾诺莎学说的几封信的责难》。

各种极不相同的党派如何和斯宾诺莎进行斗争，是颇堪注目的。这些人组成了一支兵团，它们那种成分驳杂的结合呈现了极其可笑的景象。在一伙头戴黑色和白色僧帽、手持十字架和烟气缭绕的香炉的人群旁边，大踏步行进着一个争先恐后同样敌视这个 penseur téméraire（大胆思想家）的百科全书派哲学家的方阵。在吹响信仰的号角、发动攻势的阿姆斯特丹犹太教堂拉比的身旁，漫步走着为了自然神论的利益吹奏着一支嘲讽小调的阿鲁埃·德·伏尔泰。在其间还夹杂着老妪雅科比，这支信仰军队中的随军娼妓的哀泣。

让我们尽快地摆脱这场嘈杂的喧闹吧。让我们从泛神论的远足旅行中回转身来，重新回到莱布尼茨哲学，来叙述它以后的命运吧。

如所周知，莱布尼茨的著作一部分是用拉丁文，另一部分是用法文写成的。克利斯提安·伏尔夫是个杰出的人物，他不仅是把莱布尼茨的思想加以系统化，并且用德语讲述了他的思想的杰出人物。伏尔夫的功绩既不在于把莱布尼茨的思想总结成为一个牢固的系统，也不在于用德语介绍他的思想，而在于激励我们用本国语言进行哲学的思维。有如我们在路德以前只知道用拉丁文来研究神学一样，在伏尔夫以前，我们只知道用拉丁文来研究哲学。以前用德语讲述这些东西的少数几个人并未留下什么成果；但文学史家却应当给他们以特殊的荣誉。因此我们在这里要举出约翰内斯·陶勒（Johannes Tauler）的名字，这人是一个多米尼克教团的修士，于 14 世纪初生于莱茵河畔，1361 年死于同地，我相信是在斯特拉斯堡。他是一个笃信的人物，属于被我称为中世纪柏拉图派的那种神秘主义者。他在晚年抛弃了一切学者的自负,不以为耻,开始用谦逊的德国话进行传教,他写下的说教以及他以前用拉丁文写下并译成德语的说教算是德国语言的纪念碑之一。因为这些材料表明德语不仅对形而上学的研究有用,而且比拉丁文远为适宜。拉丁文这种罗马人的语言怎样也否定不了它的起源。拉丁文是将军们发号施令的语言,是行政长官发布指示用的语言,是法官对高利贷者的语言,是罗马民族的石头般坚硬的碑铭体的语言。它成了唯物主义的专用语言。基督教曾以真正基督教徒的耐心,辛苦了一千年以上,企图使这些语言唯灵主义化,但他们也还是没有成功;因此当陶勒想要整个儿沉潜到最可怕的思想深渊中去,当他的心坎因最神圣的思想而高涨起来的时候,他便不得不讲德国话。他的语言好像从坚硬的石缝中迸流出来的山泉,不可思议地孕育着不为人知的野草的气味和神秘的顽石的力量。但一直到近代,德语对哲学的功用才被人们充分认识清楚。除开我们可爱的德语外,大自然可能无法用任何其他语言把它那最为神秘的事业显示出来。只有在粗壮的槲树上才能生出那神圣的槲寄生。

在这里大概可以谈谈帕拉采尔苏斯①了,这人的全名,如他自称,叫作霍亨海姆的塞奥弗拉斯图斯·帕拉采尔苏斯·邦拨斯图斯。他的著作大部分也是用德文写的。不过我打算以后在一个更有意义的场合中来谈他。他的哲学就是今天我们所说的自然哲学,这是一种关于因观念而具有生气的大自然的学说,不可思议地那么适合德国人的精神,如果那些生气全无,机械论的笛卡尔派物

① Paracelsus(1493—1541),瑞士医生,炼金术士、神秘主义者。

理学不是由于偶然的影响而盛行于世，这种哲学可能早已在我国成熟了。帕拉采尔苏斯是一个江湖骗子，他经常穿戴着红帽、红夜、红裤，自称能制造小人儿，他至少对各种元素里面隐藏着的本质非常接近，很熟悉它们，——但同时他也是最深刻的自然研究者之一，这些研究者都有着德国人的研究心，他们理解基督教以前的民间信仰即日耳曼人的泛神论，并且正确地猜测到他们所不知道的东西。

在这里本来也应当谈一谈雅各布·伯梅[①]。因为他同样也使用德语从事哲学著述。并在这方面受到很大的赞扬。不过我还不能下决心去读伯梅的著作。因为我不情愿做傻子。我担心这位神秘家的赞赏者好像要欺骗公众。关于他的著作的内容，圣马丁(Saint-Martin)已用法语介绍过一些。英国人也译过他的作品。英王查理一世曾以为这个能接神的靴匠有一种伟大的思想，所以特派了一个学者到葛立兹向他学习。这位学者比他的国君幸运些。因为当后者在白厅被克伦威尔砍掉头颅的时候，前者仅仅由于雅各布·伯梅的接神术在葛立兹丧失了理智。

如我在前面已经说过，德语被成功地使用于哲学是从克利斯提安·伏尔夫开始的。他较小的功绩是把莱布尼茨的思想加以系统化和通俗化。这两项工作甚而受到极大的责难，因此我们必须顺便附带地提及它们。他的系统化工作只是一种空虚的假象，莱布尼茨哲学最重要的部分，例如单子论中最好的部分，竟被这种假象牺牲掉了。莱布尼茨当然没有留下什么体系构造，他只留下了

① Jakob Böhme(1575—1624)，德国神秘主义哲学家。

构成体系所必需的思想。一个巨人从地下深处掘起了大理石层并且把它们凿成了巨大的方块和圆柱，但要把它们结合起来就需要另一个巨人。这样才能构成一座华丽的神殿。然而伏尔夫只是一个矮子，只能掌握思想建筑的一部分材料，把这部分材料筑成了一座自然神论的矮小的临时礼拜堂。与其说伏尔夫有体系的头脑，不如说他有百科全书的头脑；他只有在完整性的形式下理解这个学说的统一性。他满足于某种分类的工作，在这种工作中抽屉要安排得整齐、充实。上面贴有鲜明的标签。所以他给了我们一部《哲学百科全书》。伏尔夫在哲学史上算是笛卡尔的徒孙，不言而喻，他继承了祖师的数学证明形式。我在谈到斯宾诺莎的时候已经斥责过这种数学的形式。这种形式通过伏尔夫造成了巨大的恶果。这个形式在他学生手里退化为最无法忍受的图式主义和企图用数学方法来证明一切的可笑的癖好。于是产生了所谓伏尔夫式的独断主义。一切深入的研究都停顿了。苦苦追求明确的无聊的狂热代替了深入的研究。伏尔夫哲学变得水掺得越来越多，并于最后泛滥于全德意志。就在今天还到处可以看到这次罪恶的大洪水的遗迹，而且在我们一些高级学府里还可以找到伏尔夫学派的化石。

克利斯提安·伏尔夫于 1679 年生于布雷斯劳，1754 年死于哈雷。伏尔夫的精神统治在德国继续了半个世纪以上。所以我们在这里应该特别谈到伏尔夫和当代神学家们的关系，并用以补充有关路德派命运的报告。

整个教会史中从来没有一部分历史像三十年战争以来新教神学家们的争论那么复杂纷纭。只有拜占廷人狡猾的争吵才可以和这种争论相比；不过拜占廷人的争吵并不那么乏味，因为在这背后隐藏着种种巨大的、涉及国家利益的宫廷阴谋；与此相反，新教的争论大多起源于狭隘的教师和衒学的学者的假装博学。一些大学，尤其是图炳根，维滕堡，莱比锡和哈雷等大学便是这些神学斗争的舞台。我们看到柏拉图和亚里士多德两个学派，披了天主教的外衣在整个中世纪里进行着斗争，现在他们只不过换了一下服装，但仍旧和从前一样地斗争着。这就是我在前面提到过的虔诚派和正统派的斗争。我曾把虔诚派称为缺乏想象力的神秘主义者，并把正统派称作缺乏精神的教条主义者。约翰内斯·施彭纳[①]是新教里的斯科图斯·埃里格纳[②]。有如后者把伪托亚略巴古的丢尼修[③]的荒诞著作翻译成拉丁文，建立了天主教的神秘主义一样，施彭纳通过他的宗教讲演集《虔诚的谈话》建立了新教的虔诚主义，他的追随者们大概是从这个讲演集那里得到虔诚主义者称号的。施彭纳是个虔诚的人，愿人们怀着尊敬的感情来回忆他。柏林的一个虔诚主义者弗朗茨·霍恩（Franz Horn）写过一本很好的施彭纳传。他一生不断为基督教的理想牺牲奋斗。在这一点上他确比同时代的人们卓越。他劝导人们行善和虔诚，所以应当说他是个精神的传道者，而不是个词句的传教士。他的传道态度是值得人们称赞的。因为在前述各大学中所讲授的全部神学

① Johannes Spener（1635—1705），德国神学家。

② Johannes Scotus Erigena（约806—877），九世纪时爱尔兰著名学者，神秘主义者。

③ Dionysius Areopagita，《新约》中人物，见《使徒行传》xvii 34，相传为基督教神秘主义的创始人。

只是使人窒息的教条和咬文嚼字的争论。圣经释义和教会史全被丢在一边了。

那位施彭纳的一个学生，赫尔曼·弗兰克[①]，开始在莱比锡大学依照老师的范例和意图讲课。他用德语讲授，这是我们永远愿意赞许的一项功绩。在那里他获得的称赞惹起了同事们的妒忌，因此，他们把这位可怜的虔诚主义者的生活弄得十分艰辛。他不得不退出这个阵地，搬到哈雷去，并在当地用言语和行动来传布基督教。他在哈雷永远被人纪念着，因为他是哈雷市孤儿院的创办人。哈雷大学当时被虔诚主义者占据着，因此这些人被称为孤儿院派。附带说一句，孤儿院派到今天还残留在那里；哈雷今天仍然还是虔诚主义者们聚居之所，几年前他们和新教唯理主义者的一些争吵，引起了一桩臭气弥漫于全德国的丑事。你们没有听见过这种丑事的法国人真幸福！你们连福音派刊载新教教会中那些虔诚渔婆子信口乱骂的小报都不知道。幸福的法国人！我国福音派牧师相互之间能进行多么阴险、琐碎、可厌的攻讦，这是你们完全想象不到的。你们知道我不是天主教的信徒。在我当前的宗教信念中诚然已不再有教条，但新教的精神一直还存在。我对新教教会还存有党派性。但我为了真理必须承认：在前述丑闻出现的当时，我在教皇党的年鉴中从未见到像在柏林《福音派教会报》中刊载的那种卑鄙不堪的东西。那些懦怯之至的修道士的鬼把戏，那些卑陋已极的修道院内的阴谋诡计，如果同我们新教的正统派和虔诚派为了对付那些被他们所仇视的唯理主义者而采取的基督教

① Hermann Francke(1663—1727)，德国新教神学家。

英雄行为相比,总还算是高尚的善行。关于在这种情况中所出现的憎恨,你们法国人是一无所知的。德国人比起拉丁民族来说毕竟是好复仇的民族。

这就是说。德国人在憎恨时也是唯心主义者。我们不像你们那样为了一些外物,如为了虚荣心受了挫伤,为了一首讽刺诗,为了未能得到对方回访的名片而怀恨,我们可不然,我们憎恨敌人内心深处的最本质的东西,也就是他们的思想。你们法国人在憎恨上如同在恋爱上一样都是轻率的和表面的。我们德国人憎恨得彻底,憎恨得持久;我们德国人太老实,也太蠢笨,不会立刻用恶意来进行报复,因此我们一直憎恨到最后一口气为止。

最近有一位夫人,她以怀疑而局促的神情瞠目看着我说道:"先生,我知道德国人的那种镇静,我知道你们德国人使用同一个字眼来表达原谅和毒杀。"事实上,她说对了,"Vergeben"一字确有这两个含意。

假如我没有记错,哈雷大学的正统派新教徒为了和遁世的虔诚派作斗争,曾援引过伏尔夫哲学。因为当宗教不再能处我们以火刑的时候,它就前来向我们求乞。但把我们所有一切赠品送给它也将无补于事。伏尔夫确实很仁慈地把数学的、论证的外衣套在这个可怜的宗教上,但这对它却很不合适,它感到越发狭窄,并在这种狭窄之中,变得非常可笑。这件哲学外衣缝得很不结实,到处发生破绽。尤其是那可耻的部分,原罪,竟然十分刺目地显露出来。逻辑的无花果叶在这里也无济于事。基督教-路德主义的原罪和莱布尼茨-伏尔夫的乐观主义是不可调和的。所以法国人对这种乐观主义的讽刺,一点也没有使我们神学家发生恶感。伏尔泰的机智正好有利于赤裸裸的原罪论。可是德国的邦葛罗斯[①]由于乐观主义的毁灭却受到很大损失，费了很长时间在寻找一个类似的安慰人心的学说，一直到黑格尔讲出："凡是现实的都是合理的！"才总算得到了一种代用品。

自从宗教向哲学求援的那一刻起，宗教的没落就无法避免了。宗教企图为自己辩护，但它越费唇舌越加陷入灭亡的深渊。宗教像所有绝对主义一样，是不能作自我辩护的。普罗米修斯被沉默的暴力锁在岩石上。是的，埃斯库罗斯不让这人格化了的暴力讲任何一句话。暴力必须作哑巴。宗教一旦把力图自圆其说的教义问答印发给信徒们，政治的绝对主义一旦发行了官方报纸，这两者就都到尽头了。然而这却正是我们的胜利，我们已经迫使我们的反对者出来讲话，他们必须向我们答辩了。

当然无可否认，宗教的绝对主义和政治的绝对主义同样都找到了强而有力的言论机关。但我们却用不着为此而担心。如果语言是活的，那么，矮子也能运用它，如果语言已死，那么，任何巨人也都无法把它扶住不倒。

我在上面已经谈过，自从宗教求助于哲学，德国学者们除了给宗教穿上一套新衣之外；他们对于宗教还作了无数的实验。他们为了想赋予宗教一个新的青春，对宗教采取了差不多像梅底亚使国王艾逊[②]返老还童所采取的那样的办法。他们先给宗教放血，慢慢地把迷信的血液放出来；说得明白一些，就是试图从基督教中

① Pangloss，伏尔泰的小说《老实人(Candide)》中人物，鼓吹盲目的乐观主义。

② 梅底亚和艾逊，古希腊传说寻找金羊毛故事中人物。梅底亚使艾逊返老还童的情节，见奥维德的《变形记》卷7。

去掉它所有的历史内容，只保留它的伦理的部分。这样一来基督教变成了一种纯粹的自然神论。基督不再是上帝的共同执政者，而降为陪臣，于是只能以私人的身份受到公认的尊敬。人们毫无止境地称赞他的道德和性格。至于他是何等英勇的人物，那是无论怎样来颂扬也不算过分的。至于基督所行的奇迹，人们则从物理学的角度来加以说明，或者尽可能不去触动它。有人说："在迷信时代奇迹是必需的，一个聪明人为了透露任何一项真理总是把奇迹当作广告来使用的。"从基督教中把一切历史内容除掉的神学家被称为唯理主义者，但无论新教的虔诚派或正统派都把怒火集中在这些唯理主义者的身上。从此他们两派很少争吵了，并且还不时地联合在一起。爱所不能实现的事业，共同的仇恨，对唯理主义者的仇恨却能使之实现。

新教神学中的这个方向，始自沉着的泽姆勒①，这人是你们所不知道的；到明了的特勒②，已然攀登上一个可怕的高度，这人也是你们所不知道的；随着肤浅的巴尔特③而到达了它的顶峰，关于这个人你们认识了，也不会有什么损失。然而促使唯理主义神学发展的最强有力的鼓舞，则来自弗里德里希大王和出版家尼古拉④统治的柏林。

关于前一个人物，这个戴了王冠的唯物主义者，你们对他一定有足够的了解。你们知道他能用法文写诗，笛子吹得很好，在罗斯

① J.S.Semler (1725—1791)，德国神学家。

② W. A. Teller (1734—1804)，德国神学家。

③ K.F.Bahrdt (1741—1792)，德国神学家。

④ Chr. Fr. Nicolai (1733—1811)，德国出版家，著作家。

巴哈战役中打了胜仗，鼻烟吸得很多，并且只相信大炮。你们之中一定有些人参观过无忧宫，那里守门的老废兵把你带到藏书室之后，会使你看到许多法国小说，当弗里德里希还是太子的时候曾把这些小说带到教堂里去读，他叫人用黑色山羊皮装订它们，使严厉的父王相信他在礼拜时读的是路德的赞美诗集。你们知道他，这位国君哲学家，你们还称他为北方的所罗门①。法国是这位北方所罗门的俄斐，他从法国招聘了为他所偏爱的诗人与哲学家。就像南方的所罗门王——有如你们在《列王记》中看到的一样——通过他的朋友希兰从俄斐接二连三地载回满船的黄金、象牙、诗人和哲学家。由于对外国才子的这样一种偏爱，弗里德里希大王在德国人的精神上当然没能产生过大的影响。他毋宁侮辱了、伤害了德国人的民族感情。弗里德里希大王加给德国文学的侮蔑甚而使我们后代子孙仍要感到气愤。除了老格勒尔特②之外没有人乐于享受他那过分的宠爱。他和这位老人的谈话③，是值得注意的。

如果说弗里德里希大王只嘲笑我们，而不想支援我们，那么，出版家尼古拉倒是更多地支援了我们，但我们却反而毫不迟疑地肆意讥笑他。为了祖国的幸福，这人终生孜孜不倦的劳动着，只要有希望促成某件有益的事，他从来是不辞劳苦和不惜金钱的。尽管这样，在德国却从来没有一个人像他一样受到人们这样残酷无情的嗤笑。虽然我们知道那些拼命嘲弄他的人是我们的敌人，是

① 见《旧约》,《列王记》第九章。

② Christian Fürchtegott Gellert（1715—1769），德国文学教授，以所作寓言知名。

③ 指弗里德里希称格勒尔特是“德国学者中最通达事理的人”。

那些蒙昧主义者，但我们也还是无法抱着严肃的感情来想到他。老尼古拉试图在德国作出法国哲学家在法国做出的那种事业；他力图把人民精神中旧的传统摧毁；这是一种值得称赞的准备工作，没有这种工作任何彻底的革命都是不可能发生的。不过，可惜这种工作超过了他的能力。那古老的废墟还过于牢固，从这里钻出许多阴魂来嘲笑他；这使他感到十分恼怒，使他不分青红皂白地乱打一阵，于是那些旁观者们捧腹大笑起来了，他们看到一些蝙蝠在他耳旁掠来掠去竟缠在他那撒着发粉的假发里。有时确也发生过这样的事：他把风车看作巨人并对它进行一场搏斗。但更麻烦的是他常常把真正的巨人，例如把歌德这样一个人物看作了风车。他写过一篇反对歌德的《少年维特之烦恼》的讽刺作品，他在这篇作品中极其粗暴地误解了歌德的一切意图。尽管如此，在主要问题上他始终是正确的；他虽然不懂得歌德通过维特本来想表达些什么，但他却清楚地理解它的作用，通过这部小说引起的柔弱的空想和无济于事的伤感，以及这些东西同我们所需要的任何一种理性的信念都处于敌对的矛盾之中这一情况。在这一点上尼古拉和莱辛完全一致。关于《维特》，莱辛在给他朋友的信中作过这样的评语：

“你不认为这样一部热情的作品，为了不再带来祸患而是带来幸福起见，还必须有一篇简短的、冷静的结束语吗？末尾应当有一些暗示指出：维特怎样形成了这样一种奇怪的性格；以及其他具有类似素质的青年在这种事上应当怎样保护自己。您能相信一个罗马青年或希腊青年会这样，并因此而结束他的生命吗？确实不会的。他们在这样一种恋爱的狂热前知道用完全不同的方式来保全自己。在苏格拉底时代，即使对一个少女，人们大概也不会原谅这样一种促使 τι τολμᾶν παρὰ φύσιν（敢于违反大自然的）、ἐξ ἔρωτος κατοχή（恋爱的狂热）。只有懂得把肉体需要，巧妙地改变成精神优点的基督教教育才会教育出这种既渺小又伟大，既可耻又可敬的怪物来。所以，敬爱的歌德，再增加小小的一章作为结束语吧！而且是越辛辣越好！”

我们的朋友尼古拉依照这个指示当真出版了一本修订本的《维特》[1]，主人公在这个版本中没有自杀，只不过沾染了一点鸡血；因为手枪里装的不是铅弹，而是鸡血。维特成了笑柄，活下来，和绿蒂结了婚，简言之，比歌德原作中的结局更为悲惨。

尼古拉创办过一种叫作《德意志大众文丛》的杂志。他和他的朋友们[2]通过这个杂志对迷信、耶稣会和宫廷仆役之辈进行了斗争。不可否认，他们针对迷信所作的多次攻击，不幸也击中了文学本身。例如尼古拉曾这样反对过正在抬头的、对德国古典民歌的爱好。不过他在根本问题上还是正确的；这些民歌虽具有一切可能的优点，但也含有不合时代的种种回忆。中世纪牧歌的古调，可能把人民的心情引入过去的信仰的厩舍。他试图像奥德赛一样，塞住伙伴的耳朵，使他们听不见水妖的歌唱，不考虑他们今后也同样听不见那夜莺无辜的歌声。这位实际的人物为了彻底消除当前田野中的杂草，很少考虑到会把一些鲜花也一齐拔掉。于是鲜花和夜莺这一派以及属于他们的美丽、优雅、机智、诙谐便都同仇敌

① 指尼古拉的《少年维特的喜悦》。

② 指莱辛和门德尔松。

忾地来反对他，这样，可怜的尼古拉便被打倒了。

今天德国的情形已经变了；鲜花与夜莺派和革命密切地结合起来了。未来是属于我们的，胜利的晨曦已经放出黎明的光辉，当那胜利美好的日子一旦把它的光辉照射到我们整个祖国的时候，我们一定还会纪念死者，我们一定还会纪念你，老尼古拉，可怜的为理性而殉难的人！那时我们会把你的骨灰搬到德国的名人纪念堂中去，你的石棺将被拥簇在欢呼的凯旋行列之中，伴随着乐队的合唱，而且决不把横笛列入吹奏乐器之中。我们要把最考究的桂冠放在你的棺材上，我们并且将竭尽全力克制自己，决不当场发笑。

由于我想对当时哲学的和宗教的情况提供一个概念，所以我必须在这里也论及下面一些思想家，这些人或多或少曾同尼古拉在柏林一道进行过活动，也就是说形成了哲学家和纯文学作家之间的一种中间派。他们没有确定的体系，只有确定的倾向。他们在文体上和原则上类似英国伦理学派。他们的写作没有严格的科学形式，而道德意识却是他们认识的唯一源泉。他们的倾向和我们在法国博爱主义者那里看到的完全一样。在宗教上他们是唯理主义者。在政治上他们是世界公民。在道德上他们是人，高尚、有德的人，对自己严格，对别人温和。论才气，那么可以举出门德尔松，祖采尔，阿布特，莫里茨，加尔韦，恩格尔，比斯特①最为杰出，

① Moses Mendelssohn (1729—1786)，哲学家。J. Georg Sulzer (1720—1766)，美学家；Th. Abbt (1738—1766)，哲学家；Karl Philipp Moritz (1757—1793)，心理学家；Christian Garve(1742—1798)，语文学家，作家；Johann Jacob Engel(1741—1802)，语文学家，哲学家，戏剧家；Johann Erich Biester(1749—1816)，著作家。

其中我最喜欢的是莫里茨。他在经验心理学方面有许多贡献。他是个具有一种可贵的纯朴性的人，他很少被他的朋友们所理解。他的生活史是那个时代最重要的纪念碑之一。不过，门德尔松和他们中间的其他人相比却有着巨大的社会意义。他是与他同一信仰的、德意志以色列人的宗教改革家，他推翻了犹太圣法经传主义的势力，建立了纯摩西主义。他的同时代人称他为德国的苏格拉底，并因他高尚的人品和精神的魅力，以满怀的敬畏之心推崇他，他是德骚犹太教堂的一个穷神职职员的儿子。除了这种不好的出身以外，上天还使他担了一个驼背的命运，就像要通过这件事给民众以这样的教训：我们不应当依照人的外表而应当依照他内在的价值来评断一个人。也许天意正是出于善意才给了他一个驼背的吧？那么他正好把民众加给他的许多侮辱归咎于一种为贤者所易于忍受的残疾。

像路德打倒了罗马教皇那样，门德尔松打倒了犹太《圣法经传》[①]，而且是用同一种方式，也就是说他抛弃了传说，宣布圣经是宗教的源泉并翻译了其中最重要的部分。这样一来，他破坏了犹太教的天主教，就像路德破坏了基督教的天主教一样。实际上，犹太《圣法经传》就是犹太人的天主教。犹太《圣法经传》好像是一座哥特式的大教堂，其中虽然过多地点缀了稚气的虚饰，但它那冲天的巨人模样却叫我们惊心动魄。它好像是宗教法规的教阶组织，这些教规涉及一些最滑稽最可笑的琐碎议论，但上下左右互相编排得非常巧妙，它们十分惊人地，彻底地互相影响着，从而形成了

① Talmud，犹太教各种教义、律法文献的汇编。

一个异常傲慢、庞大的整体。

基督教的天主教没落以后，犹太教的天主教即犹太《圣法经传》，也不得不没落。因为犹太《圣法经传》早已失去了它的意义；它只是用来作为对付罗马的防御工事；犹太人凭了这部法典像过去得以抗击异教的罗马时一样，得以英勇地抗击了基督教的罗马。并且，他们不仅进行了抵抗而且也打了胜仗。异教的罗马人在濒死的可怜的纳撒勒拉比的头上恶意地写了："犹太人之王"——正是这个头戴荆冠，身被紫袍被人嘲讽的王，最后终于变成了罗马人的上帝；而且罗马人还不得不向他跪拜！基督教的罗马也被征服了，而且像异教的罗马一样，还要交纳贡赋。尊贵的读者，如果你愿意在季度的第一天去到拉斐特路，尤其是去到那里的十五号旅馆，那么你在那里可以看到一辆笨重的马车停在一座高大的门口前，从车里走出一个肥胖的男人。他走上了台阶之后，随即走向一间小屋子，屋里坐着一个金发的年轻人，但这个年轻人却比自己的外貌年长些，在他那高傲的大贵族般的怠慢之中，倒也有着几分威仪，几分积极的，绝对的神气，就像他的口袋里拥有全世界的金钱那样。而他当真也在衣袋里拥有金世界的金钱。这人叫作詹姆斯·德·罗特希尔德先生(James de Rothschild)[①]，那个胖子就是教皇的特使格里姆巴尔第(Grimbaldi)阁下，他代表教皇来偿付罗马债务的利息，从罗马来的贡赋。

现在犹太《圣法经传》还有什么用处呢？

门德尔松值得大大的称赞，因为他至少在德国打倒了犹太教

① 当时支配欧洲金融界的犹太人罗特希尔德家族的一员。

的天主教。因为凡是多余的东西都是有害的。他一面抛弃传统，一面试图把摩西的律法当作宗教的义务来保存。这是懦弱呢？还是策略呢？难道是一种悲伤的怀念在阻止他去破坏那些曾被他祖先视为最神圣、从而付出了许多殉教者血泪的对象吗？我相信不是的。精神的王者有如物质的王者，对于家族感情必须是无动于衷的；在思想的宝座上同样也不应当向柔情屈服。因此我毋宁有下面这种看法：摩西·门德尔松在纯粹的摩西主义中看到了一种能够当作最后的堡垒、为自然神论服务的建制。因为自然神论是他内心深处的信仰和确信。他的朋友莱辛死后，人们指控莱辛是斯宾诺莎主义者时，他便以最为急切的心情竭力替莱辛辩护，并终于为了这件事气愤而死。

我在这里第二次提到了这个人的名字，任何德国人说出他的名字时总要在自己的心里或多或少产生一种感情。路德以后，德国没有产生过比哥特霍尔德·埃夫拉伊姆·莱辛更伟大，更卓越的人物。这两个人是我们的骄傲和我们的喜悦。在现代的不幸中，当我们仰望他们抚慰人心的立像时，他们总是颔首约许给我们一个光辉的前景。是的，第三位伟人也将要到来，他会完成路德开始、莱辛继承、德意志祖国非常需要的事业。——第三位解放者！我已经看见他那黄金的盔甲从紫色王袍下发出光芒，“像太阳从朝霞中出现一样！”

像路德一样，莱辛的影响不仅在于做了一定的事情，而更在于从灵魂深处鼓舞了德国民族，并且通过他的批判和争论引起了一次健康的精神运动。他代表了当时生气蓬勃的评论界，他的整个一生也就是一次大论战。他的评论在宗教、科学、艺术中、在思想以及情感的广阔领域内发挥了很大作用。他的论战战胜了所有敌人，并且在每次胜利之后都有所增强。莱辛，有如自己承认的那样，正是需要斗争来促进自己的精神发展。他同传说中所说，在决斗中杀死敌人，随即把敌人的才能、知识、力量据为己有，并用这种方法终于获得了一切卓越性的诺曼人如出一辙。这样一个好斗的战士，在德国，在比今日更像安息日般宁静的当时的德国，引起了不小的骚动，是可以理解的。大多数人都会因他文学上的勇气而感到惊愕。这种勇敢对他有很大帮助；因为像在革命中一样——在恋爱中也一样——“Oser（勇敢）！”是在文学上获得成功的秘诀。在莱辛式利剑的面前没有一个人不发抖。没有一个头颅会是安全的。是的，许多头颅是他仅仅出于莽撞而砍下来了的，不但如此，他还要嘲讽着把它们从地上拾起来，向公众指出：它们的内部是空空如也的。凡是为他那利剑所不及的地方，他便用机智的箭来射杀。朋友们为了这些箭上五彩缤纷的箭翎赞叹不已；敌人们则在心坎中感到箭镞的锐利。莱辛式的机智不像人们在法国所熟悉的那种 enjouement（谐谑），那种 gaité（欢畅），那种蹦蹦跳跳的 saillies（明快），他的机智不是那种追逐自己影子的法国种小猎犬；而毋宁说是，在咬死一只老鼠之前，要逗弄它一番的德国种大公猫。

的确，论争是我们莱辛的嗜好，所以他从不多加考虑某一个敌人是否也值得作他的对手。因此他正是通过他的论争把许多名字从最应得的遗忘中救了出来。他用他才气纵横的讥讽和极其可贵的幽默网住了许多渺小的作家，像昆虫封闭在琥珀中一样，被永远地保存在莱辛的著作中。他处死了他的敌人，但同时也使得他们不朽了，如果莱辛不对克洛茨[①]那样的人施加那样的嘲讽，浪费那样的才智，试问我们当中有谁还会知道一点儿有关克洛茨的事情呢？莱辛用来投掷并打碎这个可怜骨董家的大石块，现在竟变成了这个人的不朽的纪念碑。

值得注意的是，德国这个最机智的人同时也是个最诚实的人。他对真理的热爱是无与伦比的。莱辛对谎言毫不让步，即使对于以老于世故者惯用的方式，借说谎来促进真理的胜利，他也从不让步。他能为真理做出一切，只是不能说谎。他曾说过：谁若想在假面具和脂粉的遮掩下把真理介绍给一个人，那么他可能是情愿当真理的媒人，而决不是当真理的爱人。

毕丰说得好："风格即其人！"[②]这句名言对莱辛说来是再合适不过的了。他的文体完全像他的性格。真实、坚定、质朴、优美，由于内在的力量而给人深刻印象。他的风格完全是罗马式建筑的风格：极其坚实而极其朴素。文句像方石块一样垒叠起来，一如在后者之中有着重力的法则，在前者之中有着逻辑性的推理作为无形的结合手段。因此在莱辛的文章中很少见到我们在圆周句结构中作为连接物用的那种填充语和迂回表现技法。同时更少见到你们称为 la belle phrase（漂亮短句）的那种思想的女像饰柱。

你们会很容易地理解到，像莱辛这样一个人物是永远不可能幸福的。即使他从来不热爱真理，即使他不情愿到处为真理而斗争，他也仍将是不幸的；因为他是个天才。最近有一位诗人叹息

① Christian Adolf Klotz（1738—1761），哈雷大学古典语文教授。

② "Le style est l'homme même."这是毕丰于 1753 年在入法兰西学院就职演说时说的话。

说:“人们会原谅你一切。他们会原谅你富有,他们会原谅你出身高贵,他们会原谅你体魄健美,他们甚而会对你的才干加以宽恕,但是他们对天才却是严酷无情的。”唉!即使别人不以恶意从外面来反对他,那么天才也会在他自身之中找到那个为他创造不幸的敌人。所以伟大人物的历史总是一部殉道传说;即使他们不为伟大的人类而苦恼,他们还要为他们自己的伟大、为他们自己的存在的伟大方式,为自己的超越凡俗而苦恼,为周围人们夸耀富贵的卑贱和可笑的庸俗感到不快而苦恼,这种不快当然要驱使他们走向极端,例如走向剧场或者甚而走向赌场——可怜的莱辛的遭遇便是这样[①]。

然而恶意的飞短流长至多也只能搬弄这些东西而已,从他的传记中我们仅仅知道,他觉得美丽的喜剧女演员要比汉堡的牧师们更有风趣;一副无言的纸牌要比饶舌的伏尔夫派哲学家给他更多的安慰。

当我们在他的传记中读到,命运之神如何拒绝给他任何一点欢乐,从未允许他在家庭环境中恢复一下每日战斗的疲劳的时候,我们当真觉得十分痛心,只有一次,命运之神似乎想加惠于他,它给了他一个爱妻,一个孩子——然而这次幸福却像那飞鸟翅上闪烁的太阳光一样,转瞬即逝,爱妻死于产后,孩子在出生后不久就死去了。关于孩子他给一个朋友写了下面一些悲惨的自嘲:

“我的喜悦只有一瞬。我实在不愿意失掉这个孩子!因为他多懂事!多懂事!你不要以为我有了孩子才不过短短的几个钟头

① 指莱辛在布雷斯劳任 Tauentzien 的秘书时常与军官来往,那时军官爱赌。

就已经变成了一个溺爱不明的父亲了！我清楚我在说些什么话。——他要人们用铁钳把他拉到世界上来，这难道不是懂事吗？他立刻便察觉到世路的艰难，这难道不是懂事吗？——他抓住第一个机会就逃回去，这难道不是懂事吗？——我也愿意和别人一样享受一下同样的幸福。然而我的命运不好。”[①]

莱辛有一个从来没有向朋友们讲过的不幸：这就是他那可怕的孤独，他那精神上的孤立。同时代的一些人热爱过他，但没有人了解他。当人们责难他，说他是斯宾诺莎主义者的时候，他最好的朋友，门德尔松曾热心地替他进行过辩护。这种辩护和热心不仅多余，而且是可笑的。在坟墓里安息吧，老摩西；你的莱辛虽曾走上这一可怕迷惘的道路，走向这可叹的不幸，即走向斯宾诺莎主义，但至上的天父，已及时用死亡拯救了他。安息吧，你的莱辛不像流言蜚语所传的那样是一个斯宾诺莎主义者；他像你，尼古拉和特勒以及《德意志大众文丛》一样是作为一个善良的自然神论者死去的。

莱辛只是从第二圣约预示到第三圣约的预言家。我曾把他称为路德的继承者，在这里我只就这种意义来谈论他。至于他对德国艺术的意义，我可以在以后再谈。在德国艺术方面，他不仅通过他的批评，而且也通过他的范例，促成了一次有益的改革，他的活动的这个方面，可说大部分已被人阐明和阐述过了。不过我们还要从另一个角度来考察他，对我们说来，他在哲学和神学方面的斗争要比他的戏剧评论和戏曲作品更为重要。如他所有的作品一

① 莱辛于1777年12月31日致埃申堡(Eschenburg)的信。

样，后者也是具有一种社会意义的，《智者纳坦》从根本上来看，不仅是一部出色的喜剧，而且也是为自然神论辩护的一篇神学—哲学论文。对于莱辛来说，艺术也是一个论坛，如果人们把他从讲坛或从讲座上推下来，他就跳上舞台，在那儿讲出更为明确的意见并获致人数更多的听众。

我说，莱辛继承了路德。自从路德把我们从传统中解放出来，把圣经当作基督教唯一的源泉，以后就发生了有如上述的一种顽固的字句崇拜。圣经的字句和以往的传统一样进行了专横的统治。为了使人们从这种专横的字句中得到解放，莱辛作出了最大的贡献。正如路德不是唯一向传统作斗争的人那样，莱辛确实也并没有孤军作战，不过他在反对字句的斗争中却战斗得最为猛烈。在这场战斗中他的杀声最为响亮。在这场战斗中，他兴高采烈地挥动着宝剑，剑光闪闪，气势凶猛。不过在这场战斗中他也受到黑色的大军最强力的攻击，在这种窘迫的情况下有一次他曾大喊道：

"'O sancta simplicitas！（啊，神圣的单纯！）'——但我还没有处在喊这句话的那个义人只能喊出这句话的地位上。（胡斯[1]是在火刑的柴堆上喊出这句话的。）能够并愿意颁听和判断的人才配倾听我们的意见，才配判断我们！

"哦，他能够作这件事，就是他，我最愿意他来作我的裁判者！——路德，你！——伟大的、被人误解的人！没有人比那些顽固派对你误解得更甚了。这些人手里拿了你的拖鞋，一面叫嚷着

① Jan Hus（1369—1415），布拉格大学校长，捷克宗教革新家，捷克民主和社会自由运动的鼓动家。

你所开拓的道路，一面却漫不经心地在那里踯躅不前——你曾把我们从传统的重轭下解救出来：还有谁会把我们从圣经语句不堪容忍的重轭下解救出来呢！还有谁会终于给我们带来一个像你现在要宣讲的，像基督本身要宣讲的基督教呢！”

是的，莱辛说过：字句是基督教最后的一层皮，只有摧毁这层皮，然后精神才会出现，但这精神不是旁的，就只是伏尔夫派哲学家想要论证的、博爱主义者在他们的心情中感到的、门德尔松在摩西主义中找到的、共济会所歌颂的、诗人所吟诵的、当时在德国以各种形式盛行于世的信仰：纯粹的自然神论。

1781年莱辛在人们的曲解、憎恨和一片辱骂声中死于不伦瑞克。同年，哥尼斯堡出版了伊曼努尔·康德的《纯粹理性批判》。这本书由于奇特的拖延直到八十年代末才普遍为人知道，从这本书的出现起，德国开始了一次精神革命，这次精神革命和法国发生的物质革命，有着最令人奇异的类似点，并且对一个深刻的思想家来说这次革命肯定是和法国的物质革命同样重要。这次革命按照同样的发展阶段进行着，在这两次革命之间并且显示出最值得注目的一致性。在莱茵河的两岸，我们看到和过去时代同样的决裂，以及对传统的一切尊敬的废除；如同在法国每一项权利的正当性都受到了考验一样，在德国每一种思想的正当性也必须受到考验；如同在法国推翻了旧社会制度基础的王权一样，在德国推翻了精神统治基础的自然神论。

关于这次惊天动地的大变，关于自然神论的一月二十一日①，

① 路易十六被处决之日。此即自然神论被送上断头台之日。

我们在下一篇论述。一种奇异的恐惧,一种神秘的虔诚不容许我们今天继续写下去。我们的心胸充满了极大的同情——老耶和华亲自为自己的死亡进行着准备。从他在埃及的摇篮时代起,从他在神圣的金牛犊、鳄鱼,神圣的洋葱,朱鹭和猫中间长大的那时起,我们便十分熟悉他了。——我们看到他如何离别了童年时代的伙伴,离别了故乡尼罗河谷的方尖碑和狮身人首像,来到巴勒斯坦,在一个穷苦的小狩猎民族中成了一个小小的神王,住在一个特有的神殿又兼王宫里。——后来我们看到他如何接触到亚述巴比伦文明,放弃了过于人性的激情,不再喷出暴怒和报复的烈焰,至少不再因为任何小事而大发雷霆了——我们看到他迁到首都罗马,在那里放弃了一切民族偏见并宣布一切民族在天国中的平等,并且用这样漂亮的词句缔造了一个和老朱彼特对抗的反对派,经过长期的阴谋策划,终于取得了统治权,从卡皮托尔[①]对 urbem et orbem,也就是说对罗马城和全世界,进行统治。——我们看到他如何使自己更加精神化,以及如何和善地哀泣起来;并如何变成了一个十分慈爱的父亲,变成了一个普遍的人类之友,一个造福世界者,一个博爱主义者——然而无论他怎样做也是无济于事的。

你们听到丧钟在响了吗!跪下吧——人们正在给一个临终的上帝行临终涂油礼。

① 罗马城里建筑在一个小丘上的朱彼特神殿。

第 三 篇

有这样一个传说，一个英国发明家造出一些最巧妙的机器之后，终于想到用人工方法来制造一个人；据说他终于也成功了。他所制作的这个制品竟完全能像一个人那样举止动作，甚而在它那皮革制造的胸膛里还具备了和通常英国人的感情相差不远的一种人类感情，它能用清晰的语音表达它的情感，并且就连人们那时听到的内部的齿轮，摩擦器和螺丝所发出的杂音，也赋予这种声音以一种地道的英语腔调，简言之，这个机器人是一个十足的英国绅士，并且作为一个真正的人，除了一个灵魂之外其他什么都不缺少了。但这位英国技师却无法给它一个灵魂，而这可怜的被造物，自从意识到这种缺欠之后，便日日夜夜折磨它的创造者，要他给它一个灵魂。这位大发明家终于无法忍受那日益迫切的不断请求，于是他便丢掉自己这个制作品而逃走了。但这机器人却立刻坐上一部特快驿站马车追他到欧洲大陆，它总是跟在他身后，常常突然抓住他，哼哼唧唧地对他说：Give me a soul（给我一个灵魂）！现在我们在一切国度里都能遇到这两个形象，并且只有知道他们的特殊关系的人，才能理解他们那种特殊的急躁和他们那种不安的忧郁。但如果人们知道了这种特殊的关系，那么，就可以在这里面看出某种一般性的东西，看出一部分英国人多么厌恶他们的机械式的生存，并渴求一个灵魂，同时，另外一部分英国人，则由于对这样一种要求的恐惧而被迫得东蹿西逃。总之双方都在家里忍受不下去了。

这是一个阴森可怖的故事。如果我们创造的肉体，向我们要求灵魂，这是可怕的。然而如果我们创造了一个灵魂，而它竟向我们要求肉体，并以这种要求折磨我们的话，那就更为令人生厌，令人恐怖和令人战栗了。我们想出来的思想就是这样一个灵魂，一直到我们给他一个肉体，一直到我们把它促成感性的现象为止，它是不会让我们安静的。思想要变成行动，语言要变成肉体。并且真奇怪！人同《圣经》里的上帝一样，只需说出他的思想，以后便会形成世界，生出光或生出黑暗，水陆分离，或甚而出现一些野兽。世界是语言的符号。

记住吧，你们这些骄傲的行动者！你们不过是思想家们不自觉的助手而已。这些思想家们往往在最谦逊的宁静之中向你们极其明确地预示了你们的一切行动。马克西米利安·罗伯斯比尔不过是卢梭的手而已，一只从时代的母胎中取出一个躯体的血手，但这个躯体的灵魂却是卢梭创造的。使让·雅克·卢梭潦倒终生的那种不安的焦虑，也许正是由于卢梭在精神里早已预料到他的思想需要怎样一个助产士才能降生到这个世界上来，而产生的吧？

也许老丰腾纳尔[①]是对的，他说："假如我把世界上一切思想都掌握在自己手里，那我就要警惕，不放走它们。"但我另外有自己的想法。假如在我手中掌握了世上所有思想的话——那时我也许

① Bernard le Bovier de Fontenelle(1657—1757)，法国作家。

会请求你们立即砍掉我这只手；无论如何我决不把它们长期地关闭起来。我是不宜于去做思想的狱吏的。凭上帝发誓！我要把它们放出去。尽管它们可能变成一些最为危险的现象，尽管它们可能像疯狂的酒神节游行队伍那样冲击一切国度，尽管它们可能用酒神杖打烂我们那些最为纯洁的花朵，尽管它们可能打进我们的医院把那害病的旧世界从病床上赶走——这当然会使我的心非常悲伤，并且我本人也将在这种情况中受到损害！因为，唉！我本人其实也不幸属于这个害病的旧世界。诗人说得好："人们虽然嘲笑自己的拐杖，但并不会因此就能行走得更好。"我在你们所有人中是个病得最重的人，因为我知道什么是健康，所以更值得怜悯。但是你们，你们不知道这个，你们这些值得羡慕的人！你们无需亲身察觉到死，便能够安然地死去。是的，你们中间有许多人早已死去了，但还认为，现在才开始他们的真正的生活。假如我反对他们那种狂妄的想法，那么，人们就会恨我和痛骂我——嗯，真可怕！那些尸体向我反扑过来，破口大骂，而他们的尸体的臭气要比它们的毁谤更使我难忍……走开吧，你们这些鬼魂，现在我要说到一个人，单是他的姓名已能发生驱邪的威力，我要说的是伊曼努尔·康德！

人们说，阴魂一看见刽子手的刀就要发抖。——如果人们把康德的《纯粹理性批判》举在他们面前，他们又将多么惊惶失措！在德国，这部书便是砍掉了自然神论头颅的大刀。

说实话，和我们德国人比起来你们法国人是温顺的，和有节制的。你们至多只能够杀死了一个国王，而且选人在你们砍掉他的头以前早已失去头脑了。而这时你们还必须如此敲锣打鼓，高声呐喊，手舞足蹈，以至于使这事震撼了整个世界。如果人们把罗伯斯比尔和康德相比较，那么，人们对马克西米利安·罗伯斯比尔的确给予了过多的荣誉。圣·俄诺莱大街上这个伟大的小市民马克西米利安·罗伯斯比尔在问题涉及王国的时候，自然会发作一阵破坏狂；并在他那杀害国王的癫痫中足够惊人地痉挛一阵。但问题一旦涉及最高本质的时候，他又擦掉嘴上的白沫和手上的鲜血，穿上钉有光亮如镜的纽扣的礼拜日青色上衣，并在他那宽阔衣襟上佩上一束鲜花了。

康德的生活史是难于叙述的。因为他既没有生活，又没有历史。他住在德国东北边境一个古老城市哥尼斯堡一条僻静的小巷里，过着一种机械般有秩序的，几乎是抽象的独身生活。我相信，就连城里教堂的大时钟也不能像它的同乡伊曼努尔·康德那样无动于衷地、按部就班地完成它每日的表面工作。起床，喝咖啡，写作，讲学，吃饭，散步，一切都有规定的时间，邻居们清楚地知道，当伊曼努尔·康德穿着灰色外衣，拿着藤手杖，从家门口出来，漫步走向菩提树小林荫道的时候就是下午三点半钟，由于这种关系人们现在还把这条路叫作哲学家路。一年四季他每天总要在这条路上往返八次，每逢天气阴晦或乌云预示着一场暴雨的时候，他的仆人，老兰培，便挟着一把长柄雨伞作为天意的象征忧心忡忡地跟在后面侍候他。

康德这人的表面生活和他那种破坏性的、震撼世界的思想是多么惊人的对比！如果哥尼斯堡的市民预感到这种思想的全部意义，那么，他们面对这人时所感到的惊恐当真会远远超过面临一个刽子手，面对一个只能杀人的刽子手——然而这些善良的人们却

不过把他看作一个哲学教授，当他按既定时刻漫步走过来的时候，他们友好地向他招呼、并用他来对他们的怀表。

尽管思想领域里这位伟大的破坏者伊曼努尔·康德在恐怖主义上远远超过了罗伯斯比尔，但他们二人之间还存在着许多类似点，这就要求把他们二人作一个比较。首先我们在他们二人的性格中发现那种同样铁面无私的，斩钉截铁的，没有诗意的，严谨的诚实性。其次我们在他们一人的性格中发现那种同样的猜疑的才能，不过康德用它来对付思想，并且把它叫作批判，而罗伯斯比尔则用它来对付人，并且把它叫作共和党人的美德。然而在他们二人性格中表现得最突出的却是那种庸俗市民阶层的典型气质。——大自然本来注定他们去称量咖啡和砂糖，然而命运却要他们衡量另外的一些事物，并在一个人的天秤盘里放了一个国王，在另一个人的天秤盘里放了一个上帝……

于是他们放上了正确的砝码！

《纯粹理性批判》是康德的主要著作，因此我们必须优先地谈它。在康德的所有著作中再没有比它更为重要的了。这部书有如前述，出版于1781年，但直到1789年才被人们普遍知晓。起初它完全被忽视了，关于这本书当时只出现过两篇并不重要的书评介绍，直到后来通过许茨，舒尔茨和赖因霍尔德[①]的文章才引起公众对这部巨著的注意。这部书之所以拖延了很久才为人公认，其原因可能在于它那不寻常的形式和它那拙劣的文体，关于后者，康德

① Christian Gottlieb Schütz (1747—1832)，他曾在《耶拿文学报》上发表了论康德的文章；Gotteoh Ernst Schulze (1739—1805)，他曾著文评论《纯粹理性批判》；Karl Leonhard Reinhold(1758—1823)，他曾写过一些论康德哲学的书信。

比其他任何哲学家都该受到更多的责难；特别是当我们考虑到他以前较好的文体时，我们就尤其是感到这一点。最近出版的他的短著集包括他最初的一些习作，在这里我们为了那种优美的、常常是非常机智的文体而感到惊讶。当康德已经在胸中考虑好这部伟大著作时，他便顺口念出了这些短著。他在那里微笑着就像一个战士安静地武装着自己，抱定必胜的信念，准备上阵厮杀一番那样。在这些短著里特别引人注意的是1755年已经写成的《宇宙发展史概论》；和十年后写成的《关于美感和崇高感的考察》，以及充满法国小品文那样情趣的《一个见灵者之梦》。康德这样一个人的机智，有如他在这些短著中所表现的那样，可说是具有极其独特的性质的。在那里这种机智纠结在思想上，尽管有它的弱点，终于因此而达到一个开朗的高处。当然，如果没有这个思想支柱，就连那最丰富的机智也是不能长大的；就像葡萄树因缺乏支架而不得不匍匐在地，并终于和它的珍贵的果实一齐烂掉那样。

然而康德为什么用那样灰色、枯燥乏味的包装纸一般的文体来写《纯粹理性批判》呢？我相信，那是因为康德摈弃了笛卡尔、莱布尼茨、伏尔夫的数学形式之后，害怕如果用轻松愉快迎合口味的笔调来叙述这门科学，会有损于这门科学的尊严。所以他才赋予它一种僵硬的、抽象的形式，这种形式冷漠地拒绝了较低智能阶层的人们来接近它。他想和当时那些力求平易近人的通俗哲学家们严格地区别开来，并且给他的思想穿上一种宫廷般冷淡的公文用语的外衣。在这件事上康德充分表现了他的市侩气质。不过康德也许需要一种精心刻画的语言来表达他那精心刻画的思想过程，而他却未能创造一种更好的语言，只有天才才能给新思想创造新的语言。伊曼努尔·康德却不是天才。康德和那善良的罗伯斯比尔一样，感到自己缺乏天才，所以对天才很不信任，他在《判断力批判》里甚而主张天才在科学中是没有什么可以创造的，它的效力是在艺术的领域[①]。

康德通过他的主要作品的拙劣的僵硬的文体，造成了很多损害。因为那些缺乏精神内容的模仿者只会像猴子一样地模仿康德的外表，于是在德国人中间产生了谁写好文章，他就不是哲学家的迷信。然而自康德以后，数学的形式已不再出现于哲学之中了。他在《纯粹理性批判》中对数学的形式毫不留情地宣告了死刑。他说，哲学中的数学形式只不过带来一座用纸牌拼凑起来的房屋而已，正如数学中的哲学形式只不过带来一阵无聊的哓舌一样。因为哲学中不可能有任何一个像在数学中那样的定义，数学中的定义不是推理的，而是直觉的，也就是说，是能够在直观中被证明的；至于人们在哲学中所说的定义只是试探性地、假设性地事先提出来的；而真正正确的定义只是在最后作为结论才出现的[②]。

那么，为什么哲学家们对数学的形式竟会表现出如此的偏爱呢？这种偏爱在用数来表示事物原理的毕达哥拉斯那里已开始了。这是一个天才的思想。在一个数中，一切感性的和有限的东西都被舍弃了，然而这个数仍旧还是表示着某种确定的东西以及它和另外某种确定的东西的关系，而这后一种确定的东西如果同

---

① 参阅《判断力批判》上卷，第一部，第46—47节。（商务印书馆中译本1964年版第152页以下。）

② 参阅《纯粹理性批判》，“先验方法论”第一章，第一节。（商务印书馆中译本1960年版第498—512页。）

样用一个数来表示的话，就会取得非感性事物和无限事物的那种性格。在这点上，数是类似观念的，观念在相互之间也有着同样的性格和同样的关系。人们可以按照观念出现在我们精神中和在自然中的样子，把它们非常确切地用数来加以表示；但数始终还是观念的符号，不是观念本身。老师毕达哥拉斯还意识着这个区别，但他的学生们却忘记了这个区别，从而仅仅给他们的后学者留传下一个数的象形文字，一些单纯的码子。它们的活生生的意义虽已不再被人知晓，但人们仍以学派的骄傲在那里反复空谈着它们。这种情况也适用于数学形式中的一些其他因素。精神的事物在它那永恒的运动中不允许进行任何固定；既不能用数来固定，也不能用直线、三角形、四角形和圆来固定。思想既不能用数计算，也不能衡量测计。

因为我主要是想使对于德国哲学的研究在法国易于进行，所以我总是谈论那些外部的事项，如果一个外国人事先对它们缺乏认识，那么，它们是很容易使他感到窘迫的。我特别要提醒那些试图把康德介绍给法国公众的著作家，不妨把康德哲学中仅是用来攻击伏尔夫哲学种种不合理的那一部分删掉。这一充塞在康德全部著作中的争论，只会引起法国人的混乱，不会带来任何好处。——我听说巴黎的一位德国学者，舍恩博士正从事于刊印法文译本的康德著作集。对于这位学者的哲学见解，我一向是十分尊重的，所以我认为没有必要也向他提出上述的意见，但我还是更期望他编出一部既有用又重要的书来。

我已经说过，《纯粹理性批判》是康德的主要著作，他的其他著作在某种程度上来说是无关紧要的，或至多不妨当作注释书来看待。至于这部主要著作中内含的社会意义，让我们在下面加以阐明。

康德以前的哲学家们虽然也思考过人类认识的起源问题，并且如我们曾经指出，每每按照他们承认观念是先天的(a priori)或承认观念是后天的(a posteriori)，而步入两条不同的道路；但关于认识能力本身，关于我们认识能力的范围或关于我们认识能力的界限则思考得较少。于是这就成了康德的课题。他把我们的认识能力置于一种无情的考验之下，他探测了这个能力的全部深度，并确定了这个能力的一切界限。这时他自然发现，我们先前误认为非常熟悉的许多东西其实是全然无法知道的。这是令人十分气恼的。但如果我们能够知道哪些东西一点也无法知道，那么，这对我们仍然是有益的。谁若为我们指出了走不通的道路，那么他就像那个为我们指点了正确道路的人一样，对我们作了一件同样的好事。康德向我们证明说，我们关于自在并自为地独自存在的事物是一无所知的，不过当它们反映到我们精神里面来的时候，只在这个限度内我们才知道有关它们的一些事。这时我们就完全像柏拉图在《理想国》第七卷里叙述得十分悲惨的囚人一样。这些不幸的人被锁住了颈项和双腿，以致连头也不能转动一下，坐在一个地窖里，地窖的上头是敞开的，并从上面获得一些光线。然而这光却来自他们背后上方燃烧着的一堆火，而这火和他们之间当真还隔了一堵小墙。有人沿着这堵墙下，扛着各式各样木制的和石制的雕像，一边走，一边交谈。这些可怜的囚徒一点也看不见这些矮于墙的人，不过关于这些扛过的、高出那堵墙的雕像，他们也只见到一些影子沿着囚徒对面墙壁向另一头移动；于是他们把这些影子当

作现实的事物，又受到地窖回声的迷惑，以为这些影子在互相交谈。

自从康德出现后，迄今回旋于事物的周围，东嗅西闻，收集些事物的表征并加以分类的哲学便一蹶不振了，康德把研究工作引回到人类精神中去并考察了那里所呈示的东西。因此他把他的哲学和哥白尼的方法相比较并非是不恰当的。以前当人们把地球当作静止的东西，而让太阳绕着地球旋转的时候，天算总是不太准确的，这时哥白尼让太阳静止下来而让地球绕着太阳旋转了，于是看吧！现在一切都圆满地运行起来了。以前理性像太阳一样围绕着现象世界旋转并试图去照耀它；但康德却让理性这个太阳静止下来，让现象世界围绕着理性旋转，并使现象世界每次进入这个太阳的范围内，就受到照耀。

我用上面这不多几句话说明了康德的课题之后，任何人都能理解，我把康德这本书讨论所谓现象（Phänomena）和本体（Noumena）的那一章[①]当作了他的哲学的最重要部分，当作了它的哲学的核心。这就是说，康德在事物的现象和自在的事物之间作出了一个区别。因为关于事物我们只有在它们通过现象向我们呈现出来的限度内才能知道一些，并且因为事物并不照它们自在并自为存在着那样向我们呈现它们自己，所以康德就把事物，在它们呈现出来的范围内叫作现象而把自在的和自为的事物叫作本体。我们只能知道关于作为现象的事物，但我们不能知道任何关于作为

① 海涅大概是指《纯粹理性批判》中“先验分析论”那一部分的第二卷的第三章。（商务印书馆中译本1960年版第209—220页。）

本体的事物。本体是无法弄清楚的，我们既不能说它存在，也不能说它不存在。的确，本体这个词之所以列于现象这个词之旁，只是为了我们能够谈论那些可以认识的诸事物，同时又不在我们的判断中触及我们不可认识的事物。

康德并不像许多学者那样，关于这些学者我不想提起他们的名字了，把事物分成现象和本体，分成对我们存在的事物和对我们不存在的事物。这种说法在哲学中就会成为一种自相矛盾。康德只不过打算提供一个界限概念罢了。

按照康德的说法，上帝是一个本体。按照他的论证我们至今称为上帝的那种先验的观念本质只是一种虚构。这种超验的观念本质是通过一种自然的幻觉而产生的。是的，康德指出，关于那个本体，关于上帝，我们什么也不可能知道，并且甚至关于他的存在的任何今后的证明也是不可能的。因此让我们在《纯粹理性批判》中这一卷的卷首写上但丁的名言："抛却希望吧！"[①]

我相信，读者会欣然同意为免做"思辨的理性证明最高存在者存在的论据"[②]这一节的通俗说明。对于这些论据的真正反驳虽然没占用多大篇幅并在该书的后半部才出现，然而却是极有计划地早已被引入了，而且它还是该书的要点之一。继续这个部分的是"一切思辨的神学的批判"，于是自然神论者的其余的空中楼阁也被摧毁了。我必须指出，康德虽然攻击上帝存在的三种主要证明方法，即本体论的，宇宙论的和物理神学的证明，但我认为他只

① 《神曲》,《地狱篇》,第三节。

② 《纯粹理性批判》"先验辩证论"部分的第二卷，第三章，第三节(商务印书馆中译本 1960 年版第 421—426 页)。

能打倒后两种，不能打倒最初的一种。我不晓得上面这些用语是否为这里的人们所知悉，所以我要把《纯粹理性批判》中康德扼要叙述这三种证明方法的区别的那段原文引述如下：

“由思辨的理性只可能有三种证明上帝存在的方式。人们以此为目标所能采取的一切途径，或是由一定的经验，及由经验所认识的感性世界的特殊性质开始，并自此按因果律上升到世界以外的最高原因；或是以纯然不定的经验，亦即任何一个存在为基础，或是终于抽去一切经验，并完全先天地从纯然的概念去推断一个最高原因的存在。第一种证明是物理神学的，第二种证明是宇宙论的，第三种证明是本体论的。此外便没有，且不可能有其他的证明了。”①

多次彻底地研究了康德这一主要著作之后，我相信，我已认识到书中到处都贯穿着一种反驳，用来反对那种为上帝的存在而作出的论证。如果没有一种宗教情感阻止我，我倒想进一步谈谈这些反驳。每当我看到有人议论上帝存在的时候，在我心中便激起一阵稀有的恐怖，一阵难以形容的压迫感，就像有一次我在伦敦新贝德拉姆疯人院里，四周围了许多疯人，从眼前失去了向导时所感到的那种感觉一样。“上帝是存在的一切”，对他的怀疑，就是对生命本身的怀疑，那就是死亡。

虽然任何对上帝存在的讨论令人生厌，但对上帝本性的思考却很值得嘉许。这种思考是一种真正的上帝崇拜，通过它，我们的心灵就离开那暂时的东西和有限的东西，而意识到原始的美和永

① 参阅《纯粹理性批判》商务印书馆 1960 年版，第 425—426 页。

恒的和谐意识。这种意识使情感丰富的人在祈祷时或在熟视教会的象征时全身战栗；一个思想家在行使那崇高的精神力的时候会感到这种神圣的感情，我们把这种精神力叫作理性，它的最高课题就是钻研上帝的本性。一些特别富有宗教感情的人从童年起就从事于这个课题的钻研，通过理性最初的冲击他们早已不可思议地为这种课题而感到烦恼了。本书的作者就曾极其愉快地意识到这样一种早年的原始的宗教感情，而这种宗教感情从未离开过他。上帝曾永远是我一切思想的开始和终结。假如我现在问："什么是上帝？什么是他的本性？"那么，我在孩子的时候就已经询问过："上帝是什么样儿的？他的样子像个什么？"那时我可以整天遥望天空，并在夜晚感到十分悲伤，因为我从没见到上帝的至为神圣的面孔，而只是见到一些灰色讨厌的奇形怪状的云雾。天文学方面的报道，使我感到十分迷惘，在那个启蒙时代里，连最年幼的儿童对这类报道，也都非常关心；把几万万个星球说成是和我们地球差不多大小的美丽的星球，并在这整个发光的大千世界之上有着一个独一无二的上帝掌管，这实在使我不胜惊讶。我记得有一次在睡梦中，看到上帝待在极其遥远的高空。他从一扇小小的天窗里高高兴兴地向外瞭望。他那虔诚的老年人的面孔上长着一撮犹太式小胡子。他撒下一些谷物的种子，它们从天上落下来的时候，在无限的空间中膨胀开来，接着获得巨大的体积，直到每颗种子都变成像地球那样大小的许多光辉灿烂、花团锦簇、住有居民的大千世界。我永远忘记不了这副面孔，我还常常在梦里看到这位愉快的老人从他那小天窗里撒下世界的种子；有一次我甚而看见他像一个使女给鸡群撒大麦饲料时那样鼓舌作声。我只能看到落下来的大麦种子越来越大地变成一些发光的巨大星球；却未能看到那些为了吞食这些撒下来的星球，也许早已张着嘴躲在一个什么地方的可能存在的大鸡。

亲爱的读者，关于大鸡，你会发笑了。但这种儿童的看法却和那些最成熟的自然神论的看法相差无几。为了提出一个关于这个世外上帝的概念，东方和西方曾用尽了稚气的比喻。然而自然神论者的幻想在时间和空间无限性上却白白地用尽了气力。在这个问题上完全暴露了他们的无能为力，暴露了他们的世界观，以及关于上帝本性的观念的不足凭恃。所以即便这种观念被打倒，那也不会使我们感到怎么悲伤。可是，当康德破坏了他们关于上帝存在的证明的时候，他确实使他们大为伤感。

本体论的论证对救援自然神论根本没有什么特殊的效用，因为这个证明对泛神论也同样有用。为了进一步的理解，我必须指明，这种本体论的证明正是笛卡尔已经提出过的那种证明，并且，早在中世纪时就被坎特伯雷的安瑟伦在一篇恬静的祈祷文中叙述过了。对了，人们可以说，圣·奥古斯丁在他的《论自由意志》的第二卷中就曾提出过这种本体论证明了。

如上所述，我不准备对康德驳斥那些证明的议论作任何通俗性的解说。我只想明确地告诉你们，自然神论自此以后在思辨理性的范围内已经死灭了。悲痛的讣告恐怕需要几个世纪之久才能被一般人所知悉——但我们早就穿了丧服。De profundis![①]

---

① 拉丁语，意为“从深处”，出自拉丁文《旧约》，《诗篇》cxxix；意为从罪孽深处，从最不幸的环境中。

你们以为现在我们可以回家去了吗？绝不！现在还有一出戏有待上演。在悲剧之后要来一出笑剧。到这里为止康德扮演了一个铁面无私的哲学家，他袭击了天国，杀死了天国全体守备部队，这个世界的最高主宰未经证明便倒在血泊中了，现在再也无所谓大慈大悲了，无所谓天父的恩典了，无所谓今生受苦来世善报了，灵魂不死已经到了弥留的瞬间——发出阵阵的喘息和呻吟——而老兰培作为一个悲伤的旁观者，腋下挟着他的那把伞站在一旁，满脸淌着不安的汗水和眼泪。于是康德就怜悯起来，并表示，他不仅是一个伟大的哲学家，而且也是一个善良的人，于是，他考虑了一番之后，就一半善意、一半诙谐地说："老兰培一定要有一个上帝，否则这个可怜的人就不能幸福——但人生在世界上应当享有幸福——实践的理性这样说——我倒没有关系——那么实践的理性也不妨保证上帝的存在。"[①]于是，康德就根据这些推论，在理论的理性和实践的理性之间作了区分并用实践的理性，就像用一根魔杖一般使得那个被理论的理性杀死了的自然神论的尸体复活了。

康德使自然神论得以复活也许不仅是为了老兰培，而且也是为了警察吧？或者他当真是出于确信才这样行事吗？难道他毁灭了上帝存在的一切证明正是为了向我们指明，如果我们关于上帝的存在一无所知，这会有多么大的不便吗？他做得几乎像住在威斯特伐利亚的我的一位朋友那样聪明，这人打碎了哥廷根城格隆德街上所有的路灯，并站在黑暗里，向我们举行了一次有关路灯实际必要性的长篇演说，他说，他在理论上打碎这些路灯只是为了向

① 这几句话是海涅虚构的。

我们指明，如果没有这些路灯，我们便什么也看不见。

我在前面已经说过，《纯粹理性批判》出版当时没有受到任何重视。隔了若干年，一些思想深刻的哲学家写了这本书的说明之后它才引起了公众的注意，1789 年康德哲学几乎变成了德国唯一的话题，同时出现了大量的关于康德哲学的注释，摘要，解说，批判，辩护等等。人们只要看一下第一流的哲学书刊目录，以及当时出版的有关康德的无数著作，就可以充分证实单单由康德一个人引起的这次精神运动了。有的著作表现了沸腾的热情，有的著作表现了极度的不满，但大多数著作则眼巴巴地等待着这次精神的革命的结局。我们在精神世界中有过你们在物质世界中有过的暴动，在打倒旧教条主义的时候我们激昂得像你们冲击巴士底狱时一样。当然那里也同样只有少数几个拥护教条主义，也就是伏尔夫哲学的老废兵。这是一次革命，所以它并不缺乏残暴的行为。在过去的各党派中真正善良的基督教徒对于这种残暴行为最不感到气恼。其实他们在期待着更为可怕的残暴行为，借此使事态发展到极限，并使反革命作为必然的反动更迅速地产生出来。我们德国在哲学领域中有着悲观主义者正如你们法国在政治上有着悲观主义者一样。我们德国的许多悲观主义者蒙蔽自己到这种程度，他们妄自以为，康德和他们有一种默契；他之所以破坏了上帝存在的一切迄今的证明，是为了使人了解到通过理性决不会使人达到对上帝的认识，所以人们于此不得不依靠天启的宗教。

康德引起这次巨大的精神运动，与其说是通过他的著作的内容，倒不如说是通过在他著作中的那种批判精神，那种现在已经渗入于一切科学之中的批判精神。所有学科都受到了它的侵袭。是的，甚而连文学也未能免受它的影响。例如，席勒是一个猛烈的康德主义者，他的艺术观点便孕育着康德哲学的精神。康德哲学由于它那抽象的枯燥性曾给文学和艺术带来了很大损害。幸而康德哲学还没有混入烹饪术中去。

德意志民族不是个轻举妄动的民族；当它一旦走上了任何一条道路，那么它就会坚忍不拔地把这条道路走到底。在宗教事件中如此。在哲学中也如此。在政治上我们能否同样彻底地前进呢？

德国被康德引入了哲学的道路，因此哲学变成了一件民族的事业。一群出色的大思想家突然出现在德国的国土上，就像用魔法呼唤出来的一样。如果有一天德国哲学也像法国革命一样找到它的梯也尔和米涅[①]，那么，德国哲学的历史也会提供一些同样引人注目的读物，那时德国人会带着自豪感、而法国人会带着惊讶的心情来读它。

在康德的学生中间约翰·哥特利勃·费希特显露头角是较早的。

我几乎不敢相信自己能否对这个人的重要性提供一个正确的概念。关于康德我们只需考察一本书就行了。但对费希特除了书以外还要观察他这个人；在这个人身上思想和信念是统一的，并且以这种伟大的统一性作用于同时代的人们。所以，我们不仅要解释一种哲学而且还要说明一个个性，也就是说这个哲学是受到这

① 指 Adolphe Thiers（1797—1877），Francois Mignet（1796—1884），这两位法国历史家著有关于法国革命的历史著作。

个个性制约的；为了理解这二者的影响，并且还得叙述一下当时的时代背景。这是一个多么广泛的课题！所以，在这里即使我们只能提供一些不充分的报道，我们也一定受到人们充分谅解。

费希特的思想已是相当难于叙述的。我们在这里还碰到一些特殊的困难。这些困难不仅涉及它的内容，而且，还涉及它的形式和方法；我们愿意让外国人首先知道这二者。那么，让我们首先讨论费希特的方法。他的方法最初完全是从康德那里借来的。但不久之后，这种方法却通过对象的本性而起了变化。康德只不过有了一个批判，也就是说建立了某种消极的东西，但费希特却在他之后建立了一个体系，从而建立了某种积极的东西。由于缺乏一个固定的体系，人们时常想否认康德哲学的“哲学”称号。如果这个想法只涉及康德本人，那么人们是正确的，但如果涉及那些以康德的命题建立了相当数目坚固体系的康德学派，那就全然错了。费希特在他早年的著作中是完全忠实于康德的方法的，所以他匿名发表的第一篇论文[①]当时曾被人误认为康德的著作。但由于费希特后来要建立一个体系，他就陷入了热烈的，完全自以为是的构成工作；当他构成了全世界之后，他便同样热烈地、自以为是地开始从上而下地论证他的各种构成。费希特在这种构成工作和论证工作中显示了一种可以说是抽象的热情。不久以后，有如在他的体系中一样，在他的讲演中主观性也占了上风。与此相反，康德把思想放在自己面前，解剖它，并且把它分解成为最细致的纤维。所以他的《纯粹理性批判》可以说是一个精神的解剖学的课堂。他本人

① 指 1792 年在哥尼斯堡发表的“Versuch einer Kritik aller Offenbarung”。

在那里始终保持冷静,像一个真正的外科医生那样无动于衷。

费希特的著作的形式和他的方法是一样的。他的形式是生动的,但这个形式也有着生命的一切缺欠:它是不安的和混乱的。为了保持相当生动起见,费希特鄙弃了他认为是有些死板的、哲学家们惯用的术语;但这样一来反而使我们更不容易理解他了。关于理解,他完全有他自己一套奇怪的想法。当赖因霍尔德和他持有同样见解的时候,费希特便说,没有人能比赖因霍尔德更善于理解他。但当赖因霍尔德后来和他意见相左的时候,费希特便说:赖因霍尔德从来没有理解过他。当他和康德有了分歧的时候,他便发表文章说:康德不理解他自己本人。我在这里触及了我国哲学家的一个滑稽的侧面。他们经常埋怨不为人理解。黑格尔临死时曾说:"只有一个人理解我";但他立刻烦恼地加了一句:"就连这个人也不理解我。"

费希特哲学就它本身的内容来讲,并没有很大的意义。这个哲学没有给社会带来什么结果。费希特学说的内容目前还引起某些兴趣,只是在于它是全部德国哲学中最值得注意的一个阶段,只在于它最为彻底地证明了唯心主义的毫无结果,只在于它构成了通向今天的自然哲学的必经之路。然而,由于这个学说的内容在社会方面以外在历史和科学方面还有较重要的意义,所以我要简单扼要地再谈一谈。

费希特提出的课题是:我们有什么理由来假定,我们关于事物的表象符合于我们身外的事物?接着他对这个问题提出了下面这样的解答:一切事物只在我们的精神中有实在性。

康德的主要著作是《纯粹理性批判》,费希特的主要著作是《知识学》。这本书好像是《纯粹理性批判》的续篇。知识学同样也迫使精神钻入其自己本身之中。不过，在康德进行分析的地方，费希特进行了构成。知识学从一个抽象的公式（我 = 我）开始，从精神深处创造出世界，把那些被分解的部分重新连接起来，沿着回到抽象去的道路走去，直到它达到现象世界为止。那时候，精神就能把现象世界解说为智能的必然行为。

在费希特哲学中还有一个特殊的困难，那就是：他要求精神在自己的活动中观察自己本身。自我应当在它进行它的智能活动时对于它的智能活动进行观察。思想在它思维时，在它逐渐热起来到最后完全煮熟的过程中，应当窥探它自己本身。这个操作使我们想起那个坐在灶上铜锅边煮自己尾巴的猴子。因为他认为：真正的烹调术不仅在客观上进行烹调，而且也得在主观上意识到在进行烹调。

费希特哲学受到越来越多的讽刺，这是一种特殊的情形。我看见过一张漫画，画着一只费希特式鹅。这只鹅有一个肥大的肝，肝大到使这只鹅自己都不知道它究竟是一只鹅还是一个肝。在它的肚子上写着：我 = 我。让·保罗（Jean Paul）在一本名叫《费希特的钥匙》的书中对费希特哲学进行了最无情的嘲弄。唯心主义在它的彻底的贯彻中，终于完全否定了物质的实在性，这对于广大的群众来说简直是一个太过分的玩笑。对于通过自己单纯的思维产生了整个现象世界的费希特的自我，我们嘲笑得实在不坏。在这种情况下，出现了一个助长了我们的嘲笑者的误会，这个误会太普遍了，因此我不得不谈一下。大多数人误以为费希特主义的自我就是约翰·哥特利勃·费希特的自我，这个体的自我则又否定一切其他存在。“多么无耻!”善良的人们喊着说,“这个人不相信我们存在着。我们,我们要比他肥胖得多,而且作为市长和官厅秘书,我们还是他的上司呢!”那些贵妇人们问道:“难道他连他太太的存在也不相信吗?怎么?难道费希特太太竟会允许这种事吗?”

但费希特式的自我却不是个体的自我,而是变成了意识的、普遍的世界自我。费希特式的思维不是一个个别人的思维,或某个既定的人叫作约翰·哥特利勃·费希特的思维;它毋宁说是一个显现在一个个体之中的普遍的思维。正像人们说:它下雨了,它打闪人(Es regnet,es blitzt)等等,费希特也并不说:“我思维着(Ich denke)”而是说:“它思维着(Es denkt)”,“那普遍的世界思维在我里面思维着(Das allgemeine Weltdenken denkt in mir)”。

有一次,我在把法国革命和德国哲学作比较时,与其说认真不如说诙谐地拿费希特和拿破仑作了一个比较。但事实上,在他们二人中间确也有显著的类似性。康德学派完成了恐怖主义的破坏工作之后,出现了费希特,这就像国民议会用一种纯粹的理性批判摧毁了整个旧时代之后,出现了拿破仑一样。拿破仑和费希特都代表着这个伟大的、严酷的自我,在这个自我之中思想和行动是统一的。而他们二人各自构成的庞大建筑,表明了一个巨大的意志。然而那些建筑却由于这个意志的无限性而立即坍毁了,因此《知识学》像拿破仑帝国一样建立得快,土崩瓦解得也一样快。

方今拿破仑帝国已经成了历史,但皇帝拿破仑带到世界上来的运动却一直还没有静止,我们现代还靠这个运动而具有生气。费希特哲学也是这样。它已经完全没落了,然而思想家们仍受到由费希特提出的思想的鼓舞,他的言论的后果是不可估量的。即便全部先验唯心主义是一种迷妄，在费希特的著作中仍然还有着一种高傲的独立性，一种对自由的爱，一种大丈夫气概，而这些，特别对于青年，是起着有益的影响的。费希特的自我和他那不屈不挠、顽强、钢铁一般的性格是相一致的。关于这样一个全能的自我的学说也许只能从这样一种性格中生长出来，并且，这样一种性格生根在这样一个学说之中，必定会更加不屈不挠、更加顽强，更加像钢铁一般坚强。

对各色各样无原则的怀疑派，肤浅的折衷派和温和派来说，这个人该是一个何等可怕的人物！他的全部生涯就是一场不断的斗争。就像我们所有的杰出人物一样他青年时代的历史乃是一连串的苦难。贫困之神坐在这些杰出人物的摇篮旁，把他们摇大成人，这骨瘦棱棱的保姆一直成为他们终身可靠的伴侣。

没有什么事比意志昂扬的费希特试图当一名家庭教师在世上糊口为生的情形更令人感慨的了。可是他在故乡却连这样一点微薄的糊口之资都得不到，从而不得不跋涉到华沙去。那里发生了老是发生的那种事。家庭教师未能博得仁慈的女主人的欢心、或甚而没有博得一个刁钻的女仆的欢心。他的鞠躬礼行得不够文雅，缺少法国派头，因而被认为不配担当一个波兰小容克地主儿子的教育工作。约翰·哥特利勃·费希特像一个仆役那样被赶了出来。甚至连一点路费都没有从不满的主人那里拿到就离开了华沙，接着，怀着青年人的热忱，为了结识康德而流浪到哥尼斯堡。这两个人物的会见，从无论什么观点来看都是饶有风趣的。最近费希特的儿子出版了他父亲的传记，里面引录了费希特的一些日记，我要在这里介绍这些日记中的一个片段，我相信，没有比这样做更能够说明他们二人的态度和处境了：

“六月二十五日我和一个来自哥尼斯堡的马车夫一道向哥尼斯堡进发，一路没有遇到什么特别的险阻而于七月一日到达。——四日拜访了康德，他没有为此而特别招待我；我旁听了他的讲课，但我感到没有满足我的期望。他的讲学令人困倦。在他讲学时我写这本日记。

——我早就想对康德作更郑重的访问，然而我找不到办法。终于我想到写一篇《一切天启的批判》，然后把它当作一封介绍信寄给他。我约于七月十三日开始了这项工作，以后便一直没有间断。——八月十八日我终于将刚写就的论文寄给康德，并且于二十五日到他那里听取他对这篇论文的意见，他特别亲切地接待了我，并且对我的论文好像感到非常满意。但谈话内容却没有涉及更进一步的学术问题；对于我的哲学上的疑问，他劝我去读他的《纯粹理性批判》，并介绍我去找宫廷牧师舒尔茨，这我马上就要去的。二十六日我在康德那里和左默尔(Sommer)教授一起用餐，我发现康德是个非常令人愉快而富有才华的人；这时我才首次看到那些与潜伏在他的著作中的伟大精神相符合的特征。

二十七日，v.S.[①]先生把康德的人类学讲义借给我了，我从中摘录了一些之后才写完这篇日记。同时我决定今后每晚在就寝以前有规律地继续这项工作，摘录凡是我遇见的一切有趣的东西，尤其是性格特点和短评。

二十八日，晚。昨天才开始修改我的《批判》，因而产生了一些

① 费希特的原文是“Herr von Schön”。

相当不错、深刻的思想，但遗憾的是它们使我确信我的初稿根本是肤浅的。今天我曾打算继续一些新的研究，然而我觉得我竟如此的沉湎于幻想之中，因而整天都没做出什么事来。在我目前的情况下遗憾的是这种事并没有什么奇怪！我计算了一下才知道从今天起我只能在这儿维持两星期的生活了。——当然我已不止一次地经历了这种穷困的处境，不过那是在自己的故乡。以后随着年龄的增长和自尊心的加强这种情况竟变得越发难以忍受了。——我作不出什么决定，无法作出任何决定。——康德要我去找博罗夫斯基牧师，但我不会向他说明我的情况，如果我必须说明的话，那么也只能对康德本人说，而不会对任何别人说。

二十九日我到博罗夫斯基那里去了，发现他是一个相当亲切诚实的人。他向我提出了一个职位，但还不完全确定，而且是完全不能使我过分高兴的职位；同时他那直爽的态度迫使我坦白告诉他，我迫切希望得到一个糊口的职位。他劝我去找W.教授。我没有能够进行工作。——第二天我当真去找W.教授，后来又去找宫廷牧师舒尔茨。从前者那里看来希望是渺茫的；不过他提到库兰特那边有些家庭教师的职位；这怕只有到了极其困难的时候才能引动我去接受它！后来到了宫廷牧师那里，起初是他的夫人出来接待我的。后来他本人也出来了，但他好像浸沉于一个数学上的循环论证中；后来，当他详细地听了我的姓名，又看了康德的介绍信之后就亲切起来了。他长着一副普鲁士人特有的方形面孔，不过从他的面相中透露出诚实和善良。此外我在他那儿还认识了布罗因利希(Bräunlich)先生和由他抚育的登霍夫(Dönhof)伯爵，宫廷牧师的外甥比特纳(Büttner)先生和一位从纽伦堡来的

年轻学者埃尔哈特(Ehrhard)先生,一个有着优秀杰出的头脑,然而不谙礼节和人情世故的人。

九月一日那天我下定决心要向康德坦白了。不管我多么不喜欢当家庭教师!可是就连这种职位也找不到。我这种不稳定的处境不仅妨碍我在此地心情舒畅地从事工作,而且也妨碍我和朋友们进行增益学识的交往:那么就回去罢,回到自己的家乡去罢!为此所需的一点路费也许要通过康德设法才能借到。但当我准备去他那里向他讲明我的意图的时候,我的勇气完全消失了。我决定给他写信。晚间我到宫廷牧师那儿去赴宴,并在那里度过了一个非常愉快的夜晚。翌日我写完了给康德的信,并把它寄出去了。"

尽管这封信值得注意,但我还是不能下决心把这封信用法语在这里介绍出来。我相信,我会羞红双颊,这件事对我来说,就像对外人讲述自己家里最难为情的穷困一样。尽管我倾心于法兰西式的现世感,尽管我身上有哲学的世界主义,但我心中却始终保存着古老的德意志,以及它的庸俗市民阶层的全部感情。——够了,我不能介绍那封信,在此我只告诉你们:伊曼努尔·康德太穷了,尽管看了信中使人伤心落泪的辞句,还是不能借钱给约翰·哥特利勃·费希特。然而费希特为此却丝毫没有气恼,如我们在下面引录的日记中可以看到的那样:

"九月三日我被邀往康德家中作客。他用他惯常坦率的态度接待了我,但他说,他对我所提出的事情还没有作出决定;目下在两星期以内他是无能为力的。这是多么值得敬爱的坦率!除此之外他对我的计划提出了一些疑难,从他的话里透露出,大概他不太知道萨克森的情况。——这几天我什么也没有做;但我想重新工作，而把其余的事情全部交托给上帝。——六日，我被叫到康德家里，他劝我把《一切天启的批判》的手稿通过博罗夫斯基牧师的介绍卖给书商哈通（Hartung）。当我说要修改时，他说，稿子写得好。——是真的吗？不管怎样康德是这样说的！——此外他拒绝了我最初的请求。——十日我在康德家里吃午饭。关于我们之间的问题什么也没有谈；根西兴（Gensichen）先生在场。大家只谈了一些普通的事情，有些是非常有趣的；康德，仍然以既往的态度对待我，没有一点儿改变。——十三日。今天，我想工作，但什么也没有作。我感到一阵阵忧愁的袭击。这种情形会怎样了结呢？再过一星期后我会怎么样呢？那时我的钱准会用得一干二净！”

经过了多次的到处漂泊，并长期寄居在瑞士之后，费希特终于在耶拿找到了一个固定的职位，于是他的光辉时代便从这里开始了。耶拿和魏玛是萨克森的两个城市，它们相隔只有几个钟头的路程，是当时德国精神生活的中心。魏玛有宫廷和文学，耶拿有大学和哲学。在魏玛我们可以看到德国一些最伟大的诗人，在耶拿我们可以看到德国一些最伟大的学者。1794 年费希特开始在耶拿大学讲学。这个年份是很有意义的，它说明费希特当时一些著作的精神，也说明以后他所遭遇到的各种迫害，以及四年之后，终于被闷棍打死的历史。也就是说，1798 年费希特以主张无神论的罪名为人所控告。这给他带来了一些难堪的迫害，并终于逼使他离开了耶拿。费希特生涯中最引人注目的这个事件，同时有着一个一般性的意义，对此我们是不应当缄默的。而且在这个问题上也当真完全表达了费希特关于上帝本性的见解。

当时在费希特主办的期刊《哲学杂志》上刊登了萨尔菲尔德的

一个学校教师名叫弗尔贝格(Forberg)的一篇论文,题名为《宗教概念的发展》。费希特还附加了一篇题名为《论我们信仰上帝的世界统治的根据》的解释性论文。

这两篇论文被萨克森选帝侯政府没收了,其口实是它们含有无神论思想,并且萨克森政府还立即从德累斯顿给魏玛宫廷发出了一封公函,要求严惩费希特教授。萨克森政府的无理要求当然不会使魏玛宫廷迷失方向;但由于费希特在这件事情上的重大失策,也就是说他没有顾及他的官方领导,就向公众写了一封呼吁书:魏玛政府也感到颇为不满,再加上受到了来自外界的压迫,就无可奈何只好以轻微的责难使这位言辞不慎的教授清醒过来。但是费希特却相信自己是正确的,他忍受不了这种轻微的责难而离开了耶拿。根据他当时的信件中可以断定,在职务上对于这事件具有重要发言权的两个人所持的态度特别使他气恼。这两个人之一是最高宗教顾问赫德尔阁下,另一个是枢密顾问歌德阁下。但是,这两个人都应得到充分的谅解,令人感动的是,如果人们读一下赫德尔遗留下来的信件,那么就可以知道了,可怜的赫德尔为了一批在耶拿大学学习之后来到魏玛他那里应试新教牧师的神学候补博士曾经感到多么棘手,他在主考时甚而不敢再问到圣子基督的问题;只要他们承认圣父的存在,他已经够心满意足的了。至于歌德,关于上述事件他在回忆录[①]中曾这样写道:

"赖因霍尔德离开了耶拿,这对大学来说显然是个很大的损失,后来大胆地、甚而是冒险地聘请了费希特代替赖因霍尔德。费

① 见歌德:《Tag-und Jahreshefte》,1794。

希特在著作中以崇高的精神，但也许是并不完全恰当地论及了那些最重要的伦理问题和国家问题。他是人们至今看到的最优秀的人物之一，若从较高的观点来看，他的思想是无可非议的；不过，他多么应该和这个他认为是他创造出来的财产的世界保持一致的步调啊！

由于人们在工作日里挤掉了他想用来进行公开讲演的时间，于是他便举办了一些星期日讲演。但这事一开始便遇到了种种障碍。由此产生的大大小小各种麻烦，尽管引起上级官厅的不满，总算都给平息了，可是他的关于上帝以及属神事物的言论——关于这种事当然最好是保持缄默——却又从外面惹来了风波。

关于上帝和属神的事物，费希特在他的哲学杂志上大胆地用了一种看来和传统上关于这些神秘事物相矛盾的说法，发表了自己的见解。于是他受到了责难；他的辩解没有改善当时的事态，因为他激烈地进行辩解，没有察觉，这里的人们对他寄予怎样的善意，人们对他的思想和言论会作出多么善意的解释，当然人们也不可能用直截了当的语言来使他认识到这一点，因而他同样没有察觉人们多么想用最妥善的方法把他从窘境中拯救出来。大学里，那些轻率的言论和反驳，推测和主张，支持和决议，在各种各样不安的议论中互相冲突。人们谈论着费希特应该想到的来自政府方面的谴责，那至少不会轻于一种申斥。于是，他简直失去了冷静，他认为有权向政府递呈一封言辞激烈的书信[①]，在这封信里他以那项处分作为既定的前提，慷慨激昂地声明：他决不接受这种处

① 此信于 1799 年 3 月 22 日送交枢密顾问福格特（Voigt）。

分，他宁愿立即离开大学，在这种情况下这就不仅是他一个人的去留问题，因为还有较多有名望的教师和他意见一致，他们也考虑着辞职。

这封信把人们对他所抱的善意一下子都阻断了，可说是瘫痪了；现在已经没有任何出路，也没有任何调停的余地了，最温和的办法就是立即通知他离职。当这件事发展到了无法挽回的地步之后，他才听说人们心中本为这事所留的回旋余地，所以他也一定为自己的急躁感到悔恨，正如我们为他惋惜一样。”

难道这不正是身为政府官员，惯于息事宁人的歌德的活生生的写照吗？歌德基本上只不过责备费希特说出了心中的话，责备他不用那种传统的朦胧的表现方法说那些话。歌德并不责备那种思想，而是责备那种语言。有如前述，自康德以来自然神论在德国思想界遭到歼灭的事实，是人人皆知的一个秘密，但尽管这样，人们却不能在公开的场合下宣扬这事；歌德像费希特一样，不是自然神论者；因为他是一个泛神论者。但是正因为歌德站在泛神论的高处，所以他才能用他那敏锐的眼光最清楚地看透费希特哲学的不稳定性，这时他那温和的双唇一定露出了会心的微笑。对于彻头彻尾是自然神论者的犹太人来说，费希特必定是个可怕的人物，但对于这个伟大的异教徒来说，费希特只不过是一个痴騃罢了。所谓“伟大的异教徒”便是人们在德国给歌德的称号。不过这个称号却并不完全合适。歌德的异教精神是令人惊异地近代化了的。他那强烈的异教本性表现在他对一切外部现象，对一切色彩和形象都有鲜明和敏锐的了解；但基督教也同时授予他一种深刻的理解，尽管他对基督教有强烈的反感，但基督教却向他透露了精神世

界的秘密，他分享过基督的血，并借此理解了大自然隐蔽的声响，就像尼伯龙根歌中的英雄吉格弗里特杀死了巨龙，嘴唇上沾了一滴龙血之后，就突然懂得鸟语一样。在歌德那里，那种异教本性是如何地渗透在我们今天最为现代的伤感之中！那古代的大理石像是如何地跳动着近代的脉搏！而他，又是如何同样强烈地感到少年维特的烦恼，和古希腊的神的喜悦！所有这些都是值得注目的。所以歌德的泛神论和异教的泛神论是非常不同的。若要简短地表明我的看法，那么，歌德是文学中的斯宾诺莎。歌德的全部诗作都充满了斯宾诺莎作品中那种鼓舞人心的精神。歌德终生效忠于斯宾诺莎是不容置疑的。至少他在他的整个生涯里研究着斯宾诺莎；这是他在他的回忆录的卷首和最近出版的回忆录的最后一卷里，一直坦率地承认的[①]。我记不清在哪里念到过这样一段话，对歌德这种始终不渝的斯宾诺莎研究，赫德尔曾经不快地喊道："如果歌德能拿起一本斯宾诺莎以外的拉丁文书籍，那该有多好！"[②]然而这不仅适用于歌德；后来或多或少作为诗人而知名的他的一些朋友，也都早已热衷于泛神论，泛神论在它作为一种哲学学说在我国获得统治地位以前，实际上早已盛行于德国艺术界了。在费希特时期，当唯心主义在哲学领域中庆祝自己的极盛期的同时，它在艺术领域中却遭受到毁灭性的打击，在这个领域中产生了那有名的艺术革命；这次革命以浪漫主义者反对古典主义统治的斗争、以施勒格尔派的暴动开始，一直到今天还没有结束。

① 参阅歌德《诗和真理》("Dichtung und Wahrheit")第14卷、第16卷。

② 见歌德《意大利游记》("Itaiienische Reise")，1786年10月12日。

确实，我国初期浪漫主义者的活动是从一种连他们自己也不了解的泛神论的本能出发的。他们对于天主教总教会所怀的那种思慕的感情，要比他们自己所意想的，有着更深的根源。他们对中世纪传统，民间信仰、鬼怪、魔法和巫术有着崇敬和偏爱……这一切在他们中间突然觉醒了，但他们却没有理解到这一切只是追求古日耳曼泛神论的一种复古倾向；在这个卑污的和被恶意摧残的形象中他们就只喜爱属于他们祖先的、基督教以前的宗教。在这里，我不得不提起本书第一卷，在那里我曾指出，基督教如何摄取了古代日耳曼宗教的因素，这些因素在受到最可耻的变形以后如何被保存在中世纪的民间信仰之中，以致古老的自然崇拜竟被看成纯然邪恶的巫术，古代的诸神被看成纯然邪恶的鬼怪，他们贞洁的女祭司被看成纯然卑污的巫女。从这个观点来看，对于我们初期浪漫主义者的一些错误不妨较过去批判得轻些。他们企图恢复中世纪天主教制度，因为他们感到其中还保留了许多属于他们老祖先的神圣事物，属于他们初期民族性的光辉事迹；这些被摧残的和被侮辱的遗物引起了他们的同情，因此他们痛恨那些竭力把这类遗物同整个天主教的历史一并抹杀的新教和自由主义。

关于这点我将在以后加以论述。不过在这里应当提到，泛神论在费希特时已经渗入德国艺术，甚而连天主教的浪漫派也不知不觉地追随了这个方向，而且歌德曾极其明确地表明了这个方向。这种情况已出现在《维特》之中。他在那本书里渴望着爱情和自然的理想的一致。在《浮士德》中他试图以一种旁若无人的神秘的直接的方法和自然结成某种关系；他用降魔的符咒唤出了神秘的大地精灵。然而这种歌德式的泛神论在他的短篇诗歌中表现得最纯粹，最可爱。斯宾诺莎的学说咬穿了数学形式的茧儿，变成了歌德的诗歌飞舞在我们周围。由此招致了我国正统派和虔诚派对歌德诗歌的愤怒。他们用他们的虔诚的熊爪扑打这只老是从他们身边翩翩飞去的蝴蝶。它是那样轻盈曼妙，那样飘逸自如。你们法国人假如不通晓德国语言，你们是不可能理解这点的。歌德的诗歌有一种不可思议的魔力，这是无法言传的。那和谐的诗句像一个温柔的情人一样缠住你的心；当它的思想吻你的时候，它的词句就拥抱着你。

我们从歌德对费希特的态度中绝对看不到什么丑恶的动机，但同时代人却用了远为丑恶的语言来证明这一点。他们没有理解这两个人的不同性格。后来当费希特受到暴力的压制和迫害的时候，就连最温和的人们也都误解了歌德的消极态度。他们没有考虑到歌德的处境。这个巨人是一个德意志侏儒小国的大臣。他永远不可能合乎自然地活动。人们说在奥林比亚的神殿里费底亚斯塑造的朱比特坐像如果突然站立起来，神殿的屋顶会给他冲破。这正是歌德在魏玛的处境；如果他从静坐的安宁中突然站立起来，魏玛国家的屋顶就会给他冲破，或者，这是更有可能的，歌德就会因此碰破自己的头颅。难道他应该为这样一个既谬误又可笑的学说冒这样的危险吗？德意志的朱比特依然静静地坐着，并且安详地接纳着人们的焚香礼拜。

如果我从当时的艺术利益的观点出发来为歌德在费希特被控告时所采取的态度进行彻底辩护，那就要离题太远了。要为费希特辩解的话，只须指出，告发本来只是一种借口，在这背后隐藏着种种政治挑衅。一个神学家或可因无神论受到控告，因为他有义务讲授某些既定的教义。但一个哲学家却没有这种义务,并且也不可能有这种义务,他的思想是像空中的飞鸟那样自由的。——假如我为了珍惜我自己的情绪,或别人的情绪,而不在这里把那次控告所根据和论证的一切介绍出来,那恐怕是不公正的。下面我只从那篇被控告的论文中摘录一段受嫌的地方:"……活生生的、作用着的道德秩序就是上帝;我们不需要任何其他的上帝,也不能理解任何其他的上帝。离开那个道德秩序,并从有根有据得到论证的东西进行推论,假定还有一个特殊存在是这个有根有据得到论证的东西的原因,这在理性中是毫无根据的;原始的悟性肯定不会这样地做出这种推论,也不知道有这种特殊存在;只有那种误解了自己本身的哲学才会做出这样的推论。……"

如一般性格倔强的人的那样,费希特在《告国民书》中和法庭的申辩中更粗暴、更鲜明地表达了自己的信念,他甚而使用了一种伤害我们内心深处感情的言词。我们这些人信仰着一个真正的上帝,它在无限的广延中向我们的感官,并在无限的思维中向我们的精神启示它自己,我们在自然中崇敬着一个可见的上帝并在我们自己的灵魂中倾听着它那不可见的声音;费希特把上帝宣布为一种单纯的幻想,甚而对上帝说出嘲讽的刺耳言论,引起我们的反感。当费希特把可爱的上帝从一切感性的附加物中如此干净地解放出来,并甚而否定它的存在,因为存在是一个感性的概念。并只作为感性的概念才是可能的!那么这在事实上就令人怀疑,这种说法是一种嘲讽、又是一种单纯的狂妄。费希特说,除了感性的存在之外知识学不知道有其他任何存在,由于只能对经验的诸对象赋予一个存在,所以这个谓语不应当用于上帝。按此费希特的上帝并没有存在，它不存在，它只不过作为纯粹的行动，作为诸种事件的一个秩序，作为 ordo ordinans（维持秩序的秩序），作为世界法则显示它自己。

唯心主义通过一切可能的抽象，长期地就这样过滤着神性，直到最后它什么也不剩为止。现在，就像你们法国用法律代替国王一样，在我们德国却用法则代替上帝来进行统治。

然而究竟是一个 loi athée（没有上帝的法则）还是一个 Dieu-loi（只是法则的上帝）更为荒诞呢？

费希特的唯心主义是至今人类精神想出来的最大的迷妄之一，它比最粗暴的唯物主义更无神和更该诅咒。我在这里可以容易地指出，人们在法国称为唯物主义者的无神论思想，如果和费希特先验唯心主义的种种结论比较起来，终究总还有些虔敬的和笃信的地方。就我所知道的来说，我对两者都抱有反感。这两种观点也都是违反诗意的。法国唯物主义者和德国先验唯心主义者一样，做了同等拙劣的诗。然而费希特的学说却绝不是什么危害国家的东西，因而也就更不能作为危害国家的东西加以迫害了。为了要能够受这种错误的学说的迷惑，需要有一副只在少数人中间才能找到的思辨的敏锐感觉。这种错误的学说对于广大的群众的愚钝的头脑是完全不起作用的。费希特关于上帝的见解也许应受到驳斥，但应当依据理性的方法，而不应当用警察的方法。为了哲学中的无神论而受到控告，就在德国也是稀有的事情，所以，起初连费希特自己也不知道人们要求些什么。他说得很对，一种哲学究竟是不是无神主义的，这个问题在一个哲学家听来其奇怪的程度，差不多就像一个数学家听说一个三角形是红的或是绿的一样。

可见那项控告是有着一些隐蔽的动机的，但不久费希特便看穿了这些动机。因为他是世界上最正直的人，所以我们可以完全相信他写给赖因霍尔德论及那些隐蔽动机的那封信，更由于这封信——日期是1799年5月22日——描写了整个时代并能够说明他的全部窘状，所以让我们在这里引录信中的一段：

“疲劳和厌恶决定我下决心完全退隐几年，这我已经写信告诉过你了。按照当时我对这事的看法，我甚而确信我有义务下这种决心，因为处在当前的激动之下人们怎么也不会仔细倾听我的意见，并且只会使这种激动更加恶化，几年之后，当最初的惊愕平息下去的时候，我大概可以用更大的热情讲话。——但现在我却另有想法。我现在不该缄默；倘若我现在不说话，那么我就要永远不会再有机会讲话了。——自从俄国和奥地利结盟以来，我早已察觉到即将出现的局面，经过最近发生的种种事件，尤其自从那肮脏的暗杀公使事件[①]（对此人们在这里欢呼着，S.和G.[②]也喊着说：做得对，必须打死这些走狗）以来，我完全确信：专制主义从今以后将拼命地进行自卫，通过保罗和庇特[③]它将变得彻底化，它的基本计划就是要根绝思想自由，而使德国人不会阻挠这个目的的实现。

你不要相信，例如魏玛宫廷认为我在那里会妨碍耶拿大学的学生出席率；宫廷十分清楚地知道，事情恰恰相反。宫廷不得不遵循着一般的，尤其是被萨克森选帝侯国强迫制订的计划解聘我。莱比锡的布尔舍尔（Burscher），这个秘密的同谋者，早在去年年终

① 指1799年两个法国公使被害事件；主谋者为奥地利政府。

② S.和G.，指席勒和歌德。

③ 俄国皇帝保罗一世和英国首相威廉·庇特。

便下了一笔相当巨额的赌注，说我今年年终会遭到驱逐。福格特(Voigt)早已被布格斯多夫(Burgsdorf)拉过去来反对我了。德累斯顿科学事务局已公开表示说，致力于新哲学的人是不能升级的，如果已经升级了，就不能再升。在莱比锡的公费学校里甚而连罗森缪勒(Rosenmüller)式的启蒙思想都被认为危险：最近那里又采用了路德的教义问答，并要教师们根据信经重行监信礼。这种情形会愈走愈远并愈演愈烈。——总之：这是千真万确的事，如果法国人不取得巨大的优势，并在德国、至少在它的大部分土地上实施一次变革，那么，几年之内，任何一个在他的生涯中以具有自由思想而闻名的人物，也不会再在德国找到一个安身的地方了。——我认为，比最确定的事还要确定的则是：我现在即便在某处找到一个栖身之处，但一年以内，至多不过两年，又会被人赶走；到处遭到驱逐是危险的；历史上卢梭的事例告诉了我们这一点。

假使我完全沉默，甚至连无关紧要的事也不再写；那么在这种条件下人们会让我安静吗？我不相信这点，假使我可以指望宫廷方面会这样做，但僧侣界，即使我向它请求，就不会唆使暴民反对我并向我投掷石块了吗？而且现在——他们不是请求各地政府把我当作一个引起骚乱的人加以驱逐的吗？然而，那么我就应当保持沉默吗？不，我确实不该那么作；因为我有根据相信，如果属于德国精神的某些东西还可以挽救，那么这可以通过我的讲学获得实现，而通过我的沉默，哲学只会全部迅速没落下去。我不相信那批人会让我默默地活下去，我更不相信他们会让我讲话。

不过我将使他们确信我的学说的无害性。——敬爱的赖因霍尔德，你怎么能把那批人想得这么善良呢！我变得越发清楚，显得越发无罪，他们就变得更加阴毒，而一般说来我那真正的过失也就变得更加伟大。我不相信他们是在追究所谓的我的无神论；他们把我当作一个开始用通俗易懂的语言表达自己见解的自由思想家（康德的幸运在于他那晦涩的文体），和一个声名狼藉的民主主义者来加以迫害；他们害怕独立自主性，就像害怕幽灵一样，他们暗暗地感到我的哲学在唤起这种精神。”

我再提醒一次，这封信不是昨天写的，而是注着1799年5月22日的日期。原来那时的政治情况和德国最近的情况对照起来有着十分可悲的类似性；只不过当时自由思想更多地盛行于学者、诗人和其他文人中间，但今天在这些人中间却谈论得极少，而在广大活动的群众中间，在手工业者和职工中间谈论的极多了。当第一次革命时，铅一般沉重的德国式困倦压在人民身上，也就是说一种冷酷无情的寂静统治着整个日耳曼，但在我们的文坛上却显示出最强烈的激情和动荡。就连生活在德国任何一个偏僻角落里的最孤独的作家，也参加了这个运动；对于这种种政治事件，他虽缺乏明确的知识，但他差不多是出于一种共鸣作用感到这个运动的社会意义，并把它在自己的著作里表述出来。这种现象，使我想起我们往往当作装饰品放在壁炉架上的那些巨大的海螺，它们离开海虽然那么远，但只要到了涨潮的时刻，当波涛拍岸的时候，它们仍立刻会沙沙作响起来。当革命的浪潮在此地巴黎，在这人群的巨大海洋中奔流出来的时候，当它在这里汹涌澎湃的时候，莱茵河彼岸的德国人的心灵也就会慷慨激昂起来。……但他们是非常孤立的，他们厕身于完全没有感觉的磁器、茶杯、咖啡壶以及一些只会机械般点头、宛然懂得事情原委的、中国泥菩萨中间。唉！我们

德国那些可怜的先驱者为了同情那次革命不知付出了多少代价呢。容克和僧侣们在他们身上施用了一些最拙劣和最下贱的伎俩。他们中间有些人逃到巴黎，在这里过着穷困潦倒的生活，以至于默默无闻地死去。我最近见到一位双目失明的同乡，他从那时代以来一直流亡在巴黎；我在故宫见到他，他在那儿晒太阳取暖。见到他那样苍白、瘦弱、挨门挨户摸索前进的样子真叫人大为伤心。人们告诉我说，这就是丹麦老诗人海贝尔格[①]。最近我还去看过公民格奥尔格·弗尔斯特[②]临终时居住的顶楼。如果拿破仑和他的法国军队未曾迅速地战胜我们，那些留在德国的自由之友会遭到更大的不幸。拿破仑确实从未预料到他自己会成为意识形态的救星。没有拿破仑，我们的哲学家们同他们的种种观念会一道被绞刑和车裂消灭得一干二净。然而德国的自由之友们是共和主义者，不肯效忠于拿破仑，同时，也是有自尊心的，决不肯与外国统治者打交道，所以他们此后便都缄口无言，保持了最大的沉默。他们怀着悲痛的心情，紧闭了双唇在那里彷徨。拿破仑垮台的时候，他们发出了微笑，但是忧伤的微笑，然后重又沉默了；他们几乎完全没有加入当时经过最高权威的准许在德国哄闹起来的爱国主义狂热活动。他们知道他们所知道的东西，于是保持了沉默。这些共和主义者由于过着一种非常纯洁的、质朴的生活，所以他们往往是长寿的，当七月革命爆发的时候，他们当中还有许多人活在世

① Peter Andreas Heiberg(1758—1841)，丹麦民主主义作家，不容于丹麦政府，流亡法国，死于巴黎。

② Georg Forster (1754—1794)，著名的德国莱茵区美因茨市的雅各宾党人领袖，死于巴黎。

上，平时我们见到这些倔强的老人总是弯着腰，几乎像白痴一般默默无言地踱来踱去，但现在却突然昂起头来，向我们这些年轻人亲热地笑起来，握住我们的双手和追述一些有趣的历史，这实在使我们惊讶不已。我甚而还听到他们里面有一个人在歌唱；因为他在咖啡店里把马塞曲唱给我们听，于是我们便学会了这支歌的旋律和它那壮丽的歌词。可是不久，我们便唱得比这个老人更好了；因为他唱到歌词中最好的地方时，常常像傻子一样大笑起来或像孩子一样哭起来。这样年长的人生存下来，把这些歌曲教给年轻人，永远是件好事。我们年轻人将不会忘记这些歌曲，我们中间一些人将来会把这些歌曲教给那些在今天还没有出世的子孙。但我们中间许多人却会在这期间囚死在家乡的牢狱里或异国的顶楼里。

让我们再回来谈哲学吧！我在上面已经指出，费希特哲学如何由许多极稀薄的抽象所构成，但它的推论却显示了钢铁一般的坚毅性，甚而显示了极其大胆的锋芒。但不料在一天的清晨，我们发现费希特哲学发生了巨大的变化。它开始舞文弄墨、哼哼唧唧、变得温和而拘谨起来了。他从一个唯心主义的巨人，一个借着思想的天梯攀登到天界，用大胆的手在天界的空旷的屋宇中东触西摸的巨人，竟变成了一个弯腰曲背、类似基督徒那样，不断地为了爱而长吁短叹的人。这就是在这里与我们关系较少的费希特哲学的第二阶段。他的全部体系经受了最为令人惊讶的修改。在这段时期中他写过一本书：《人类的使命》，这本书最近已被你们译为法文了。另一本类似的著作：《幸福生活的指南》也属于这个时期。

不言而喻，费希特这个倔强的人是从来不肯承认自己这个巨大变化的。他认为，他的哲学是始终如一的，只是表现方法有了改变和改善，世人是从来不了解他的。他又说，当时出现在德国并且排挤了唯心主义的自然哲学，基本上完全是他自己的体系，而他的学生约瑟·谢林先生，虽已和他断绝了关系并且提出了那种新哲学，其实只不过是把说法改变了一下，并用不愉快的附加物推广了他的旧学说而已。

我们在这里达到了德国思想的一个新阶段。我们提到了约瑟·谢林的名字和自然哲学的名称；由于前者对这里的人来说几乎是完全陌生的，也由于自然哲学这个用语为一般人所不了解，所以我必须说明二者的意义。当然在这本书里我们不能加以详尽的叙述；我们特在今后的一本书中专门讨论这个课题[①]。在这里，我们只打算清除一些突出的误解，并且只对上述哲学的社会重要性提出若干值得注意之点。

首先应当指出，当费希特竭力主张谢林的学说原来是他的学说，只是作了不周表述并加以推广的时候，他这种提法并不是全然没有道理的。正如约瑟·谢林先生一样，费希特也曾宣说：只有一个本质，即自我，绝对者；他宣说过理想和实在的同一性。有如我所说过的那样，费希特在《知识学》中曾想通过智力的结构由观念构成现实。然而约瑟·谢林先生却把事情颠倒过来：他企图从现实解释出观念来。更明确地说：从思想和自然是同一个东西这个根本命题出发，费希特通过精神的操作到达了现象世界，从思想创造了自然，从观念创造了现实；谢林先生则相反，他虽然从同样的原则出发，现象世界却变成了纯粹的观念，自然变成思维，实在的

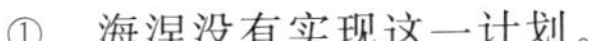

① 海涅没有实现这一计划。

东西变成理想的东西。因此，费希特的方向和谢林的方向在某种程度上是互相补充的。因为依照上述最高原理，哲学可以分解成两个部分；在第一部分中人们可以指出，自然如何从观念变成现象：在另一部分中人们可以指出，自然如何自己溶解为纯粹的观念。所以哲学可以分解为先验的唯心主义和自然哲学。事实上，谢林先生现在也承认这两个方向，并在他的《导向自然哲学的诸理念》中追求着后一个方向，以及在他的《先验的唯心主义体系》中追求着前一个方向。

我指出1797年和1800年发表的这两部书，只因为他们的标题已经表达了上面两个互相补充的方向，并不是因为这两部书有什么完整的体系。是的，在谢林任何著作中都找不到一个完整的体系。谢林不像康德和费希特，他没有一本主要著作可以用来看作他的哲学的中心点。如果人们想就某一著作的范围，逐字逐句严格地判断谢林先生，那会是不公正的。人们应当按年代去读他的著作，在其中追寻他的思想逐渐形成的过程，并抓住他的根本思想。是的，我觉得人们也有必要，经常识别思想终止和诗兴开始的那个所在。因为谢林先生是这样一种人，与其说大自然赋予他们作诗的能力，不如说更多地赋予他们对于诗的爱好，他们无法满足帕尔纳苏斯山[①]中的仙女们，于是便逃往哲学的丛林，并在那里和抽象的树精们过着那种最不能生育的结婚生活。他们的情感是诗意的，但工具，即语言，却是软弱无能的；他们毫无成效地追求一种能表述他们的思想和认识的艺术形式。诗是谢林先生的长处和短

① Parnassus，希腊中部的山峰，希腊神话中阿波罗及缪斯神的居住地。

处。他和费希特有所区别的正在诗上，但诗既是他的所长，也是他的所短。费希特只是哲学家，他的威力在于辩证法，而他的长处在于论证。然而这却是谢林先生薄弱的方面，他更多地生活在直观之中，在逻辑的冷冰冰的高处他觉得不自在，他高兴在象征的花谷中到处奔跑，他的哲学的长处在于构成。但构成却是一种在平凡的诗人当中和在最好的哲学家当中同样可以经常找到的精神能力。

按照最后的这个暗示人们可以理解，谢林先生在单单是先验唯心主义哲学的这一部分里始终只是费希特的盲目追随者；然而在自然的哲学中，在花卉和星辰之间活动时，他便必然地要心花怒放和光芒四射了。因此不仅他本人，而且连他那些志同道合的朋友也都曾追逐过这个方向，这时出现的骚乱，也就是一班骚人墨客对于先前抽象的精神哲学的一种反动。像那些终日呆在狭隘的教室里被字母和数字压得长吁短叹的学童一旦获得了自由时一样，谢林先生的学生们争先恐后地到大自然中去，到那空气新鲜、阳光充足的现实之中去，他们高声欢呼，大翻筋斗，作了一场精彩的演出。

"谢林的学生们"这一用语，在这里同样不能以其寻常的意义来理解。谢林先生亲自说，他只不过想以古代诗人的方式建立一个学派，一个诗人学派，在这个学派之中任何人都不受某种特定信条和特定纪律的约束，而是每个人都听从精神，每个人都用自己的方式来启示它。或许他也可以说，他创立了一个预言家学派，在这里为精神所感召者都开始任情地并且用自己喜欢的说话方式预言。为老师所鼓舞的年轻人当真也这样做了，这些见识最为浅陋的头脑就开始预言，每个人都用不同的语言，于是哲学中出现了一个大规模的圣灵降临节。

这里，在自然哲学的情况下，我们看到，最有意义的东西和最壮丽的东西怎么会变成一场热闹的化妆舞会和一阵愚蠢的胡闹；一群胆怯的滑头和忧郁的丑角怎么能使一个伟大的理想受到危害。然而，预言学派或谢林先生的诗人学派给自然哲学带来的滑稽性，却实在不能归罪于这个自然哲学本身的。因为自然哲学的观念根本不是别的，而只是斯宾诺莎的观念，即泛神论。

斯宾诺莎的学说同谢林在较好时期中建立的自然哲学本质上是同一个东西。自从德国人轻视洛克的唯物主义并把莱布尼茨的唯心主义推到极端并发现这种唯心主义也同样不结果实之后，他们终于达到了笛卡尔的第三个弟子，斯宾诺莎。哲学重新完成了一次巨大的圆运动，人们可以说，这和哲学在两千年前已经在希腊完成的圆运动是同一种东西。不过更仔细地比较这两次圆运动时就看出一个本质的区别。希腊人和我们一样有过大胆的怀疑派，埃利亚学派像我们的先验唯心主义者们一样坚决地否定了外部世界的实在性。柏拉图和谢林先生一样，在现象世界中重新发现了精神世界。不过我们多少有一些胜过希腊人，胜过笛卡尔学派之处，我们多少有一些胜过他们之处，这就是：我们从检查人类认识的泉源，从我们的康德的《纯粹理性批判》开始了我们的哲学的圆运动。

在提到康德的时候，我可以在上面一些论述之外附加一句，康德仍然容许的那个有关上帝存在的证明，即所谓道德的证明，已被谢林先生出色地推翻了。我在上面已经指出这个证明不是特别有

力的，而康德可能只是出于善意才保留了它。谢林先生的上帝，就是斯宾诺莎的宇宙上帝。至少他在1801年中，在《思辨的物理学期刊》第二卷里是这样的。在那里上帝是自然和思维，物质和精神的绝对同一，而这个绝对同一不是宇宙的原因，而是这个宇宙本身，从而它也就是宇宙上帝。这里面既没有对立也没有分裂。这个绝对同一也就是绝对全体。一年以后，谢林先生又进一步地，也就是说在一篇题名为《布鲁诺或关于事物的神性的或自然的原理》的论文里发展了他的上帝。这个标题使我们想起那位为我们的教义而光荣牺牲的崇高的诺拉人乔尔丹诺·布鲁诺。意大利人认为，谢林最卓越的思想是从布鲁诺那里抄袭来的，并责备他剽窃。这是不公平的，因为在哲学中是无所谓剽窃的。1804年，谢林先生的上帝在一篇题名为《哲学和宗教》的论文中终于全部完成了。在这里我们看到关于绝对者的学说的全貌。绝对者在这里被表述在三个公式中。第一个公式是断言的：绝对者既不是观念的东西，也不是实在的东西（既不是精神，也不是物质），而是二者之同一。第二个公式是假言的：假如存在一个主体和一个客体，那么绝对者是此二者的本质的同一。第三个公式是选言的：只有一个存在，但这个东西可以同时地或轮流地被看作完全观念的、或完全实在的。第一个公式是全面否定的。第二个公式以一个条件为前提，这个条件比那个限定者本身更难理解。第三个公式完全是斯宾诺莎的公式：绝对的实体或作为思维，或作为广延是可以认识的。所以在哲学的道路上，谢林先生未能越过斯宾诺莎，因为绝对者只有在思维和广延这两个属性的形式下面才能被认识。但现在谢林先生却放弃了哲学的道路，并企图通过一种神秘的直觉来达到绝对者本

身的直观，他企图在它的中心点上、在它的本性中直观它，在这里它既不是观念的东西，又不是实在的东西，既不是思想，又不是广延，既不是主体，又不是客体。既不是精神又不是物质，而是……谁知道是什么呢！

到这里，哲学在谢林先生那里停顿下来了，但诗意，我宁可说是愚痴，却发作了。然而在这里他反而在一群愚人中间博得了最大的赞赏。这些人正喜欢放弃冷静的思维而去模仿伊斯兰托钵僧的旋转舞，像我们的朋友尤勒斯·达维德(Jules David)所说，他们转着转着一直到客观世界和主观世界都从他们那里消失，一直到这二者溶化成一个透明的虚无，这虚无既不是观念的，又不是实在的，一直到他们看见看不见的东西，听到听不到的东西，一直到他们听到色彩并看见声音，一直到绝对者在他们面前呈现为止。

我相信，自从谢林先生企图以智力直观绝对者的时候起，他的哲学生涯便已经结束了。现在出现了一个更伟大的思想家，这人把自然哲学构成为一个完整的体系，用自然哲学的综合说明了整个现象世界，用更伟大的思想来补充他的先辈们的伟大思想，并把这些伟大的思想贯彻到一切学科中去，从而科学地奠定了它们的基础。这人是谢林的一个学生，这个学生在哲学领域中逐渐掌握了老师的一切权力，野心勃勃地超过了老师，并终于把老师推入黑暗之中。这人就是伟大的黑格尔，德国自莱布尼茨以来所产生的最伟大的哲学家。毫无疑问，他远远超过了康德和费希特。他像前者一样敏锐，像后者一样刚毅，此外，他还有一种有构成力的灵魂宁静，有一种思想和谐，这点我们在康德和费希特那里是看不到的，因为在他们那里更主要的是革命精神。我们完全不可能在黑格尔与谢林二人之间进行比较；因为黑格尔是个有性格的人。固然黑格尔像谢林一样，曾为国家和教会的现状作过一些非常可疑的辩护，但这还是为了一个至少在理论上热衷于进步的国家，为了一个以自由研究的原则为其生存因素的教会而作的辩护。并且他并没有隐瞒自己的所作所为，他坦白地承认了自己的一切意图。但谢林先生则相反，他在实践的和理论的绝对主义的前室中像小虫一样蠕动，并在耶稣会教士制造精神锁链的洞窟中做帮工；而且他还要欺骗我们说他是个始终不变的光明磊落的人。他否认自己的背叛行径，从而在堕落的耻辱之上给自己更增添了撒谎的卑鄙。

不论是出于虔诚或狡计，我们对于下面一点是不该隐瞒的，不该缄默的：这人在德国最为大胆地宣讲过泛神主义的宗教，曾大声疾呼地宣说过自然的神圣性并宣说应当把神的权利还给人类，但现在这人背叛了自己的学说，离弃了他亲自奉献的祭坛，蹓回过去信仰的厩舍，现在他成了一个虔诚的天主教徒，并且宣传一个世外的、人格的上帝，说"这个人格的上帝曾做过一桩创世的蠢事。"关于这种改宗尽管让旧信仰家敲钟并歌唱"Kyrie eleison"[①]吧。然而这种改宗却不能为他们的见解证实任何东西，它只不过证明，一个人如果老朽了，如果丧失了身体和精神的力量，如果再也不能享乐和思考，他会倾心于天主教信仰的。在临死的病床上有许多自由思想家皈依了宗教，——但你们可不要因此而得意！这些皈依宗教的故事至多是属于病理学范围以内的事，对于你们的事业只不过提供了不利的证据。这些事例归根结底只不过证明，你们无

① 希腊语，"主啊，大发慈悲吧！"基督教徒常用的祈祷词。

法使那些自由思想家们皈依宗教，只要他们具有健康的感官漫步于上帝的广阔的天空下，只要他们的理性充分地强健。

我相信，巴朗什[①]说过，这是一条自然规律，创始者一旦完成了创始的工作就必须立即死去。啊！善良的巴朗什，这只有部分真实，我可还要主张：如果创始的工作完成了，创始者要么就死去，要么就变节。这样我们也许会多少缓和一下德国思想界加给谢林先生的严厉的批判；也许我们可以把那施加于他的沉重的侮辱化为沉默的同情，并且把他对自己学说的背叛仅仅当作自然规律的一个归结来加以说明，这就是说，他这个人在倾吐或者完成一种思想时已使尽了他的全部精力，当他倾吐或完成了这种思想以后，便精疲力竭地倒下来，不是倒在死神的怀抱里，便是倒在他从前的敌人的怀抱里。

这样说明之后，我们也许可以理解今天使我们深感悲伤的各种更深刻的现象了。通过这点，我们也许可以理解为什么那些为了自己的主张，牺牲了一切的人们，那些为了自己的主张而斗争、而遭受一切痛苦的人们，当他们终于获得胜利之后，反而放弃了这种主张，并且转入敌人的阵营去了！这样说明之后，我还应该指出，不仅约瑟·谢林先生如此，就是康德和费希特在一定程度上也要担负变节的罪名。费希特幸亏死得早，死在他对自己的哲学的背叛还没有充分暴露以前。但康德，在他写了《实践理性批判》的时候，他已经不忠于《纯粹理性批判》了。创始者要么死去，要么就要变节。

---

① Pierre Simon Ballanche（1776—1847），法国著作家，哲学家。

我不知道前面最后这个命题怎么会在我情绪上引起这样忧郁的压抑之感，使我在这一刻不能在这里叙述其他一些涉及今天的谢林先生的令人不快的真相。还是让我们称赞那个往昔的谢林吧；他的回忆在德国思想的年代史上是不可磨灭的；因为，往昔的谢林，正和康德、费希特一样，代表着我国哲学革命的重大阶段之一。我在这本书里曾把它们比之于法国政治革命的阶段。事实上，如果人们在康德哲学中看到恐怖主义的国民代表大会，并在费希特哲学中看到拿破仑帝国，那么在谢林先生哲学中就可以看到相继而来的复辟的反动。不过这首先是一个较好意义的复辟。谢林先生重新把自然的正当权利赋予自然，他致力于精神和自然的和解，他想使二者重新统一为永恒的世界灵魂。他恢复了古希腊哲学家那里见到的、通过苏格拉底才更多地被引导到人间情感中来，并于以后溶化为观念的东西的那个伟大的自然哲学。他恢复了那个伟大的自然哲学，它从德国人古代泛神论的宗教中秘密地滋生出来，在帕拉采尔苏斯[①]的时代开放了绚烂的花朵，却被那外来的笛卡尔哲学摧毁了。啊！最后他终于恢复了一些在坏的意义上可与法国复辟相比拟的事物。但因公众的理性不再长久地容忍他，他就被人很容易地从思想的宝座上推了下来。黑格尔，他的大管家，从他头上夺去了王冠，并且给他剃了光头，从此以后这个被剥夺了王位的谢林就像一个可怜的小修士一样生活在慕尼黑，这个城市在名称上已经带有僧侣的性格，拉丁文就叫作 Monacho monachorum（僧侣的居处）。我在那里看见他像阴魂一样走来走

① 见本书第 80 页。

去，带着抑郁迟钝的面孔和一双灰白无神的大眼睛，煞是一副日暮途穷、每况愈下、可悲可叹的形象。但黑格尔却在柏林让人们给他行了加冕礼，可惜也让人涂了一点宗教的香油，从此就君临了德国哲学界。

我们的哲学革命结束了。黑格尔完成了它的巨大的圆运动。以后我们只会看到这个自然哲学的学说的发展和完成。这个学说，有如我已经说过的那样；曾渗入一切科学并在那里产生最非凡的和最宏伟的成果。同时，如我所暗示的那样，也必然出现许多不愉快的事物。这些现象太复杂了。仅仅列举一下，怕就要写一本大书。这是德国哲学史上真正生动有趣、丰富多彩的部分。不过，我确信，全然不去了解这一部分对法国人来说倒是有益的。

因为，这一部分报道只会使法国人的头脑更加混乱；自然哲学中许多命题，如果从它们的联系中割裂开来，可能在你们中间引起巨大的不幸。就我所知道，假如你们早在四年以前已熟悉了德国的自然哲学，那么你们可能永远不会进行什么七月革命了。这种行动需要思想和力量的一种集中，一种高贵的片面性，一种既定的道德，一种只有你们的那古老的学派才能允许的自负的轻率；哲学的各种谬论至多只能为正统性和天主教的道成肉身教义进行辩解，只会缓和你们的激昂，削弱你们的勇气。所以我认为，你们那个伟大的折衷主义者[①]，当时虽然想向你们讲授德国哲学，但他对这种哲学却一点也不理解，这对全世界历史来说是很重要的。出乎天意，他的无知对于法国和全体人类都是有益的。

---

① 指 Victor Cousin(1792—1867)，法国折衷主义哲学家。

啊,自然哲学,它在科学的许多领域中,也就是说在真正的自然科学中结出了最丰硕的果实,但在另外一些领域中却蔓生了最有毒的杂草。正当奥肯[①]这位德国最天才的思想家,德国最伟大的市民之一,发现了他的一些新的观念世界并鼓励德国青年们起来拥护人类的原始权利、自由和平等的时候,唉!亚当·米勒(Adam Müller)竟按照自然哲学的原理讲授豢养各民族的学说;同时格雷斯(Górres)先生也在依据自然哲学的观点,宣传中世纪的蒙昧主义,按照那种说法,国家是一棵树,在它的有机枝体中也必须有树干,树枝和树叶,而这些东西正好是非常美妙地体现于中世纪的行会位阶制中;同时斯特芬斯先生[②]也宣布了这样一种哲学法则:农民阶级和贵族的区别在于农民被自然注定必须毫无享受地劳动,而贵族则有权利毫无劳动地享受;是的,几个月以前,人们告诉我说,一个韦斯特法仑地方的乡下容克地主,一个蠢货,好像名叫哈克斯陶森(Haxthausen)的人发表了一篇论文,要求普鲁士王国政府考虑按照彻底平行论,这种在整个世界有机体中得到证明的哲学,来严格划分政治的阶层,在自然中既然有火、气、水、土四种要素,那么,在社会中也该有四种类似的要素,贵族、僧侣、市民和农民。

当人们看到哲学里发生了这种可悲的蠢事,并蔓生了最有害的毒草,当人们看到德国青年埋头于形而上学的各种抽象,对当前迫切的时事漫不经心,并变得对实际生活毫无裨益的时候,爱国主

① Lorenz Oken(1779—1851),德国著名自然哲学家。

② Henrik Steffens(1773—1845),哲学家和自然科学家,谢林的追随者。

义者和自由之友们对哲学当然要感到正当的不满，他们中间有些人走得更远些，甚而把哲学当作一种荒废岁月、一无用处的空论判处了极刑。

我们不会愚蠢到认真去反驳这种不满情绪。德国哲学是一项重大的、关系到全人类的事件，只有后代子孙才能决定，我们先完成我们的哲学，然后完成我们的革命这个事实，该受到责备还是赞扬。我以为我们这样一个有计划有步骤的民族是必定从宗教改革开始，然后再在这个基础上从事于哲学，并且只有在哲学完成之后才能过渡到政治革命的。我觉得这个顺序完全合理。哲学用于思维的头脑，后来可以为了任何目的被革命砍掉。但如果这些头脑事先就被革命砍掉，那么，哲学就再也没有可以使用的头脑了。德国的共和主义者们，你们不要担心：德国的革命决不因康德的批判，费希特的先验唯心主义，以至于自然哲学发生在先，就会开始得更温和些。革命力量是通过这些学说发展起来的，它只期待着那日子的到来，那时，它要爆发出来，使全世界震惊。那时将要出现那样一种康德主义者，他们在现象世界中丝毫也不想知道什么虔诚，他们毫无怜悯地挥动宝剑和斧头掘翻我们欧洲人生活的基础，以便砍断属于过去的最后的根株。那时武装起来的费希特主义者，也要登上舞台。在他们的意志狂热主义中，决不会被威逼利诱所制服；因为他们生活在精神中，不介意物质，像初期的基督徒一样，既不能被肉体的苦痛又不能被肉体的快乐所征服；是的，这些先验唯心主义者在社会的变革期甚而要比初期的基督徒更加刚毅，因为，初期的基督徒们仅仅为获得天国的幸福而忍受地上的苦难，但先验唯心主义者们却把这苦难本身看作空虚的假象，他们在

自己思想的堡垒中是无懈可击的。不过自然哲学家比所有这些人都可怕，他们必将行动着参加一次德国的革命，并将把自己同破坏工作本身等同起来。因为假如康德主义者的手臂准确而有力的打击了敌人，是由于他们的心灵不被传统的畏敬所动摇；假如费希特主义者勇气十足地抗击一切危险，是由于危险在实际中对他们并不存在；那么，自然哲学家之所以可怕则在于他和自然的原始威力结合在一起，在于他能唤起古代日耳曼泛神论的魔力，而在这种泛神论中唤醒了一种我们在古日耳曼人中间常见的斗争意欲，这种斗争意欲不是为了破坏，也不是为了胜利，而只是为了斗争而斗争。基督教——这是它的最美妙的功绩——固然在某种程度上缓和了日耳曼粗野的斗争意欲，但仍旧未能摧毁它；当这个起着驯服作用的符咒、十字架一旦崩坏时，古代战士的野性，以及为北方诗人讽咏已久的狂暴的帕则喀的愤怒[1]必将霍然苏醒过来。那张符咒已经腐朽了，它惨然崩溃的日子终将到来。然后那古代石制的诸神就会从被人忘却的废墟中站起身来，擦掉眉间的千年积尘，而佗尔[2]也终将拿起巨人的铁锤跳起来，打碎哥特式教堂，那时当你们听到铿锵的声响，你们可要警惕，你们这些邻人之子，你们这些法国人，不要干预我们德国国内发生的事情。这可能对于你们不利。你们不可去煽风点火，也不可去扑灭它。你们很可能因火而把手指烧伤。请你们不要讪笑我的劝告，讪笑一个奉劝你们要警惕康德主义者、费希特主义者和自然哲学家的梦想家的劝告。请

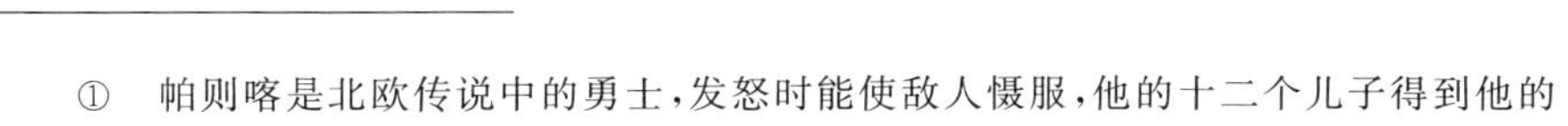

① 帕则喀是北欧传说中的勇士，发怒时能使敌人慑服，他的十二个儿子得到他的遗传，也以这种怒气和勇猛著称。

② 北欧神话中的雷神。

你们不要讪笑那个期望精神领域中已经出现的同一革命也要在现象领域中出现的梦想家。思想走在行动之前，就像闪电走在雷鸣之前一样。当然德国的雷鸣也像德国人一样，并不太迅速，而且来势有点缓慢；然而它一定会到来，并且当你们一旦听到迄今为止世界史中从未有过的爆裂声，那么你们应当知道：德国的雷公终于达到了它的目的。苍鹰们将要在这声响的同时，坠死于地，而那远在非洲荒漠中的群狮也将夹起尾巴，钻进它们的王者的洞穴。德国将要上演一出好戏，和这出戏相比较，法国革命只不过是一首天真无邪的牧歌。目前德国当然还相当寂静，在那里也有一个人或两个人表现出若干活跃的样子，不过你们不要相信，这些人有一天会作为真正的演员而出场。在一群斗剑士到来，进行殊死搏斗之前，这些人只是几只在空竞技场上东奔西跑、咬来咬去、吠叫一阵的小狗罢了。

那个时刻一定要到来。各民族都将聚集在德国的周围，就像坐在圆形剧场各级看台上一样，来观看这次伟大的角斗。我奉劝你们，你们法国人那时应当肃静，并且，千万不要鼓掌喝彩！我们可能就会误解你们，并以我们那种不讲礼貌的方式有点粗暴地命令你们安静；因为当我们以前还在奴隶般不愉快的状态中时，我们就经常能够打败你们，所以处在年轻的自由陶醉的精神高潮中。我们就更容易打败你们了。你们自己知道，人在这样一种状态中能够做出什么事来——而你们早已不在这种状态中了。你们要当心！我是为你们好，所以我才把冷酷的真理告诉你们。比起整个神圣同盟连同所有的克罗阿得人和哥萨克人来，你们更应当惧怕解放了的德国。首先因为在德国的人们不喜欢你们，这几乎是不可理解的，因为你们是那么值得喜欢，而且你们在德国逗留的期间曾经费了很大的精力，至少想取悦于德国民族中比较上层的半数人民。即便这一半喜欢你们了，但刚好这一半是没有武器的，所以他们的友谊也就对你们起不了多大作用。人们究竟会向你们提出什么问题来，那是我永远不能预测的。有一次哥廷根一家啤酒店里的一个年轻的地道的德国人说，人们必须为施陶芬家的康拉丁（Konradin von Staufen）在那不勒斯被法国人砍掉了头颅的这件事[①]对法国人进行报复。你们一定早已把这件事忘记了。然而我们什么也没有忘。你们看吧，当我们一旦想向你们寻衅的时候，那么我们是不会缺乏一些小小的理由的。所以无论如何，我要劝告你们警惕。不管在德国发生什么事情，不管是普鲁士皇太子或是维尔特[②]博士掌握了政权，你们要经常武装着，安静地守候在你们的岗位上，把武器拿在手里。我是为你们好，最近我听说你们的内阁总理打算裁减法国军备这个消息时我当真大大吃了一惊。

目前你们尽管是浪漫主义者，但你们还是天生的古典主义者，所以你们是知道奥林坡斯的。你们在那些摆着琼浆玉液、珍馐美味的席前尽情欢宴的裸体的神仙和仙女中间，会看到一个女神，这个女神尽管处身于那样一种欢乐和安逸的气氛中，却始终身披铠甲，头戴战盔，手里拿着矛枪。

那就是智慧的女神。

---

① 康拉丁被安茹的查理所杀，是十三世纪一件旧事。

② Johann George August Wirth（1798—1848），七月革命后德国共和主义的鼓吹者。

附　　录

论述德国的书信[①]

第一封信

……不久以前，由于发表了一篇批判您的法兰克福女同乡贝蒂娜·阿尼姆的文章[②]，您在《两个世界评论》里满腔热情地赞扬了《柯林娜》一书的女作者[③]；您这是想要指出，她比现在的那些女作家、特别是教会女作家和沙龙女作家，远来得高明。在这一点上我不同意您的意见，我在这封信里也不想和您争论，我将处处尊重您的意见，如果您的意见不会使那些对德国、德国的现状及其代表人物的错误看法在法国愈益广泛流传。只是为了这个目的，我在十二年前，曾对斯塔尔夫人的《关于德国》一书在我自己的那本同一书名的书里痛加驳斥。现在，我在那本书上，将附加一系列书信，其中第一封信正是给您写的。

不错，女人是个危险的人物。这个我是领教过的。别的人也

---

① 1843 年秋，海涅在德国旅行以后，曾想写一系列论述德国的书信。但在他的遗著里，只发现第一封信的片断。这些片断是在诗人逝世以后首次刊载在《亨利希·海涅晚期诗歌和思想集》(1869)里。

② 这篇文章发表于 1844 年 4 月 15 日，作者是但尼尔·斯特恩(Daniel Stern-Gräfin D'Aoult)。

③ 即斯塔尔夫人(Mme von Stäel-Anne-Louise-Germaine Necker 1766—1817)。

有同样的痛苦经验，昨天就有一位朋友跟我谈起这方面的一个可怕的故事。他在圣玛丽教堂[①]和一位德国青年画家谈话，这位画家悄悄地对他说："您曾在一篇德文论文里攻击某某伯爵夫人。她已经知道了，要是再发生这样的事，您就休想活命了。她身边有四个唯命是从的壮汉。"这不是很可怕的吗？这不是活像安娜·腊特克立夫[②]的一篇惊险小说吗？这位夫人不就是一种纳斯莱堡[③]吗？她只要点一点头，四个打手就会向你身上猛扑过来，立刻把你揍死，如果不是肉体上把你毁灭，肯定会在精神上置你于死地。这位夫人为什么会有这么大的阴暗势力呢？她是那么美丽、富有、高贵，那么有品德、有天才，她可以使她的奴仆那么无条件地服从，而这四个家伙竟会这样盲目地俯首听命呢？不，她并不是那么高度地具有这些自然和幸运赐给她的禀赋。我不说她是丑陋的；没有一个女人是丑陋的。但是，我可以十分肯定地说，要是美丽的海伦长相跟这位夫人一样，那么，整个特洛伊战争也就不会发生，彼里安姆堡也就不会被焚毁，荷马也就永远不会歌颂阿溪里的愤怒了。她也不是那么高贵，那只她从那里爬出来的蛋，既没有创造出一个神，也没有孵出一位公主；就她的门第说，她也不能和海伦相比；她出生于法兰克福的一个市民商人家庭。她的珍宝也不如那弦琴弹得极美（那时钢琴还没有发明）的巴里斯把斯巴达皇后拐走时她随身带着的珍宝那么多；相反地，这位伯爵夫人的日常用品供应商在叫苦连天，她最近镶的那副全口假牙还没

① 在巴黎。

② Anna Radcliffe（1764—1824），英国惊险小说作家。

③ 旧巴黎的古堡，路易第十的王后常把她的受害者诱骗到这个堡里加以谋害。

有付钱;只有就品德方面说,她可以和赫赫有名的梅纳劳夫人[1]媲美。

不错,女人是危险的;但是,我必须添一注释,美丽的女人远不是像丑陋的女人那样危险,因为美丽的女人已经习惯于人家向她们献殷勤,而丑陋的女人却要向每一个男子献殷勤,才能得到一群追随者。这在文坛上尤其是如此。同时我在这里必须提一下,现今那些法国最卓越的女作家都是非常漂亮的。例如,《论天主教教义的发展》的作者乔治·桑,德尔芬·季腊尔丹,梅尔仑夫人,露意斯·柯莱这些真正的妇女,她们已使所有关于兰袜子[2]粗鄙不堪的那类刻薄的俏皮话完全破产,每当我们晚上在床上阅读她们的作品时,我们很愿意把自己想要对她们表示的敬意亲自献给她们。乔治·桑是多么美,并且是多么不危险,甚至对那些用一只脚爪抚摸她、用另一只脚爪搔她的凶恶的猫也是如此,甚至对那些极凶狠地向她狂吠的狗也可以这样说。她像月亮一样,在高处柔和地望着它们。公爵夫人贝尔季奥瑟,这位追求真理的美人,人们也可以伤害她而不受惩罚;人人都可以随便把秽物撒到拉斐尔的圣母像上,她是不会抵抗的。梅尔仑夫人不但说她的朋友好,而且对她的敌人也总是说好话,你要是得罪她,也是没有什么危险的;她习惯于歌颂,几乎不懂什么是粗鲁的语言,她会惊异地望着你。美丽的文艺女神德尔芬,要是你得罪了她,她会拿起她的七弦琴,她的愤怒会倾泻奔流成为亚历山大里亚式十二音节诗句的亮晶晶的珠

① 海伦。

② 兰袜子(bas bleux),是那时给女作家起的绰号。

流。如果你说几句关于科莱夫人的不好听的话，她会抓起一把菜刀向你身上砍过来。这也没有什么危险。但是，你可不要得罪某某伯爵夫人，否则你就休想活命了。四个蒙面人，四条文坛打手会向你猛扑过来，——这是纳斯莱堡——你会被刺死，你会被勒死，你会被扔到水里溺死。第二天早晨，在报纸编辑的一小段评论里人们准可以看到你的死讯。

现在，我回过来说说斯塔尔夫人。她长相并不漂亮，她曾给伟大的皇帝拿破仑制造了无数危害。她不仅写了许多书来攻击他，而且还会使用文艺以外的手段向他进攻。有一个时候，她曾是联军向拿破仑进攻以前搞的一套外交阴谋的灵魂。她也很会驱使打手去对付她的敌人，这些打手自然不是奴仆，像我在前面讲过的那位夫人的打手那样，而是一群国王。拿破仑垮台了，斯塔尔夫人胜利地进入巴黎，手里拿着她那本《关于德国》的书，同时她还领着几十万德国人作为她那本书的活插图。……从那时起，法国人成为基督徒，成为浪漫主义者，成为兼理司法的城堡行政长官①。这，终究和我没有什么相干，一个国家的人民自有权利变成这样沉闷和不冷不热，尤其是他们一向都是精神奋发和斗志昂扬的，从前曾在这块土地上筑起街垒英勇战斗过。不过，在这个转变之中，有一点与我有关，当法国人挣脱了这位魔王及其统治的时候，他们也把莱茵河几省割让出去了，我因此就成为一个普鲁士人②。是的，这个词听起来很可怕，但我就是这么个人，通

① 德国的封建官衔。雨果写过一本同名的三部曲(《Les burgraves》，1843)。

② 海涅出生于普鲁士的杜塞尔多夫。它位于上莱茵河，与比利时毗邻，1806—1813年被法国占领，拿破仑失败后，法国退出该地。

过征服权，我是一个普鲁士人。只是当我再也忍受不住的时候，我费了好大的力气，才摆脱我的臣属地位。从此以后，我作为一个解放了的普鲁士人住在巴黎，在这里，我刚一来到以后，我的最重要的一件要做的事，就是向斯塔尔夫人那本风靡一时的书开火。

我是这样做的，我发表了一系列论文，然后我立刻又把这些论文汇编成一本书名叫做《关于德国》的完整的书出版。我选用这个书名，完全没有想和这位鼎鼎大名的夫人的书在文艺上进行较量的意思。我是对她的文才最钦佩的人之一，她有天才，但可惜有的是这么一种天才，而且是一个女性天才。作为一个男人，我有责任对这种出色的康康舞进行驳斥，因为她在她的关于德国的一系列报道里所讲的大量事情，在法国是前所未闻的，加上由于新奇这种魔力迷醉了思想界，这种康康舞的效果因而就越发危险。我并没有理会那些零零碎碎的错误和歪曲，我首先要让法国人知道，斯塔尔夫人那么推崇夸耀的浪漫派，实际上是怎么一回事。我曾指出，它不过是一堆蠕虫，罗马的神圣渔夫们会很好地利用这堆蠕虫作为钓饵来捕捉灵魂。从此以后，就有许多法国人对此恍然大悟，而且笃信耶稣的虔诚人士也都看到，我做得十分正确：在一面德国镜子里把魑魅魍魉指给他们看，这种丑类也曾在法国到处爬来爬去，而且现在比过去更大胆地把那剃光了的头抬了起来。

我接着也对德国哲学作了真实的报道，我相信，我已经做到了这点。我曾直截了当地把只要是一年级大学生就会知道的学院秘密说出来，而且在这个国度里人们对这个揭示却颇感惊异。我记

得比埃尔·勒鲁[1]遇见我时。曾对我坦率承认，他也是一向以为德国哲学好像是某种神秘的云雾，而德国哲学家似乎是一些虔诚的先知，他们都是对神肃然敬畏的。我当然不可能把我们的各个体系详详细细地讲给法国人听——况且我太喜爱这些法国人了，我不想讲得太详细而使他们感到厌烦，——但是，我已把构成所有这些体系的基础的最终思想告诉他们，这个最终思想与他们一直称之为对神肃然敬畏的所有一切，正好相反。哲学，从前在古希腊世界曾经为了反对更为古老的神话学而进行战斗，而且在这场战斗里，哲学又取得了胜利。在理论上，今天的宗教已经被彻底打垮，宗教在思想上已经死亡，不过仍然还维持着机械的生命，正像一只苍蝇，头已经被掐掉了，而它却仿佛若无其事，依然还在高高兴兴地飞来飞去。天主教这只大苍蝇还可以撑持（照库辛[2]的话来说）多少世纪，我不知道，但是，关于它已经根本没有什么可说的了。问题是我们可怜的新教，它为了拖日子，作了所有一切可能的让步，但到头来它还是必然要死亡的：新教曾使它的神摆脱一切神人同形说，这并不能帮它什么忙；它通过放血把肉体的血从它的身上抽出，然后把它过滤成为一个完全是由爱情、正义、智慧和品德构成的纯粹的精神——这一切也无济于事，一位德国巴菲利乌斯[3]，名叫费尔巴哈（法文叫做火流）对“神－纯粹－精神”的这些属性相当可观地嘲笑了一番，神的爱情似乎不应得到特殊的赞美，因为它并没有人的胆汁；正义似乎也不费神很多

① Pierre Leroux（1797—1871），法国文学家、哲学家、经济学家，圣西门的追随者。

② 见150页注①。

③ Porphyrios（约233—304），希腊哲学家，新柏拉图派。

的钱，因为它没有非花很多钱不可来塞饱的胃；神有智慧也不需要给予很高的评价，因为它不会由于感冒而妨碍它思考；神似乎很难不是有品德的，因为它没有肉体！不仅是新教的唯理论者，就连自然神论者在德国也都已被打倒，哲学正是用一切投石器对“神”这个概念猛攻，这在我的《关于德国》那本书里已经指出了。

人们对我在许多方面很恼火，由于我曾把德国天空中的帷幕拉开，并且曾指给所有的人看，一切旧信仰的神已全部从天空中消失，在那里只坐着一个有两只呆木的手和一颗悲伤的心的老处女：必然性。唉，我只不过把稍后人人都必定会知道的事早一点说出来而已，而且当时听来使人觉得奇怪的事，现今在莱茵河彼岸已经是家喻户晓了。而且那些反宗教的说教有时候是用多么狂热的腔调来宣讲的！我们现在有一些无神论的修道士，他们要把伏尔泰先生活活地煎死，因为他是一个顽固透顶的自然神论者。我必须坦白地说，我不爱这种音乐，但它也没有把我吓倒，因为当这位大师[①]谱写这种曲子的时候，我是在他的背后站着，他谱写时用的自然都是些极不清楚和绚丽炫目的符号，不是人人都能把这些符号译解出来的——我有时曾看见他小心翼翼地向四面看看，怕人们也许会懂得他的话。他很欢喜我，因为他深信我是不会把他出卖的；我在那个时候竟把他看作是个奴颜婢膝之辈。我有一天对于“凡是现实的都是合理的”这句话感到不高兴时，他怪笑了一笑，然后对我说：“也可以这么说：凡是合理的必然都是现实的。”他连忙

① 指黑格尔。

转过身来看看，马上也就放心了，因为只有亨利希·贝尔[①]听到了这句话。只是在稍后我才懂得他这套话的意思。同样，我也是在后来才懂得为什么他在历史哲学里说：基督教单就这点说就是一大进步，它宣讲的神是一个已经死了的神，而异教徒的神是不存在什么死的问题。要是神根本就没有存在过，那将是一个多大的进步！……

随着旧的宗教信条的崩溃，旧道德同时也被根除。德国人却仍然会长期遵守这种旧道德，正如某些贵妇人那样，她们活到四十岁一直都是品行端庄的，后来尽管她们所要遵守的原则已经日趋松弛，她们认为犯不着再闹风流韵事了。对上天的信仰的消灭，不仅有道德上的重大意义，而且还有政治上的重大意义。广大群众不再以基督徒的忍耐来忍受他们的尘世苦难，而是渴望人间的幸福。共产主义是这种改变了的世界观的自然产物，而且它正在全德国广泛传播。这同样也是一个自然现象，无产者在他们反对现存制度的斗争中有着最进步的思想家、伟大学派的哲学家作为领袖；他们从理论转到行动，转到一切思想的最终目的，并把纲领制订出来。这个纲领的内容是什么？我早已梦想过，并曾用下列言词表述出来："我们不想当无裤党人，也不想做锱铢必较的市民，也不想当人人可当的议会议长；我们主张建立一个同等光荣、同等神圣、同等幸福的众神的民主。你们所要的是朴素的衣服，生活有度的习惯和不加调料的食品；我们却是相反，我们所要的是美酒佳

① Heinrich Beer，作曲家迈尔·贝尔（Meyer Beer 1791—1864）的兄弟，黑格尔的朋友。

肴，紫罗袍，珍贵香料，富丽堂皇和纵情欢乐，喧笑的水仙舞，音乐和喜剧。”[①]这段话载在我那本《关于德国》的书里，我在该书中曾明确预言，德国人的政治革命将从那个其体系常被人斥为空洞的烦琐论证的哲学发生。我是不假思索地作出了预言！可是我已经看到，龙牙已经播下，今天这些龙牙里已经长出了身披全副铠甲的勇士，他们手持形形色色的武器在这个世界上摆开阵势。但是，可惜他们也会自相残杀[②]。

自从我那本一再提到的书出版以后，我没有再公开发表过关于德国的文章。如果我今天打破我的长期沉默，这并不是为了要满足我自己的内心需要，而更多地是为了满足我的朋友们的迫切愿望。他们对这里关于德国思想史的极度无知暴发出的愤怒，有时比我自己远来得大，这种无知将会被我们的敌人充分利用。我说，被我们的敌人，我这里所指的不是那些奔走于各家报馆之门，兜售那种粗鄙荒谬的毁谤文章，后面还跟着一群所谓爱国人士充当吹鼓手的可怜虫；这班家伙从长远来说并不能造成危害，他们太愚蠢了，而且他们还会闹到使法国人终于怀疑，我们德国人是否真的发明了火药。不，我们真正危险的敌人是那些欧洲贵族的心腹，他们在形形色色的乔装打扮之下，甚至会穿着妇女的裙子，到处对我们盯梢，暗地里败坏我们的好名声。自由的战士们，他们在故国

① 参看本书第77页。

② 播种龙牙的故事，出于希腊神话。耶松同阿埃推索取金毛羊皮。阿埃推要求耶松播种龙牙。龙牙所播之处，从地里跳出无数全副武装的甲士。耶松听阿埃推的女儿梅苔伊阿的教唆，在甲士密集的地方，投以石块，引起甲士互相搏斗，耶松乘机加以灭杀。

虽然已经侥幸摆脱了监禁、秘密处决，以及那些使旅行很不安全和很不方便的小小的逮捕令，他们在这里，在法国也不会得到安宁，虽然人们在肉体上不能伤害他们，至少他们天天会看到自己的名字被人辱骂和被钉在十字架上……

再版后记

本书这次再版，我们对译文复校了一遍，改动了不少地方，增加了一些注释；“出版说明”从内容到文字，也作了一些删节修改：同时，我们还约请梅溪同志把海涅在1844年写的《论述德国的书信》(Briefe über Deutschland)片断译出，作为本书的附录。在这封信里，海涅说到他和黑格尔本人谈论了黑格尔的“凡是现实的都是合理的，凡是合理的都是现实的”这一哲学命题的意义。海涅认为黑格尔本人已经了解自己哲学的革命意义，只是害怕把它表露出来。恩格斯在《路德维希·费尔巴哈和德国古典哲学的终结》一书中肯定了黑格尔这一哲学命题的革命意义，并且作了精辟的分析和科学的评价。但是恩格斯说：**“这里必须指出一点：黑格尔并没有这样清楚地作出如上的阐述。这是他的方法必然要得出的结论，但是他本人从来没有这样明确地作出这个结论。”**

附录一文是根据德意志民主共和国建设出版社1955年海涅全集第五卷译出的。

此版译文，恐仍有错误和欠妥之处，希望读者批评指正。

商务印书馆编辑部

1973年8月

图书在版编目(CIP)数据

论德国宗教和哲学的历史/(德)亨利希·海涅著;海安译.—北京:商务印书馆,2017
(汉译世界学术名著丛书:120年纪念版:珍藏本)
ISBN 978-7-100-14832-0

Ⅰ.①论… Ⅱ.①亨… ②海… Ⅲ.①宗教史—研究—德国②哲学史—研究—德国 Ⅳ.①B929.516 ②B516

中国版本图书馆CIP数据核字(2017)第160098号

汉译世界学术名著丛书
(120年纪念版·珍藏本)
论德国宗教和哲学的历史
〔德〕亨利希·海涅 著
海 安 译

商 务 印 书 馆 出 版
(北京王府井大街36号 邮政编码100710)
商 务 印 书 馆 发 行
北 京 冠 中 印 刷 厂 印 刷
ISBN 978-7-100-14832-0

2017年12月第1版 开本 710×1000 1/16
2017年12月北京第1次印刷 印张 11¼
定价:56.00元